乱世を生き抜いた知恵

岸信介、甘粕正彦、田中角栄

太田尚樹
Naoki Ota

JN184942

ベスト新書
586

プロローグ

人間にとって幸せとは何かは、誰しもが無意識のうちにも片時も忘れることのない命題である。だが、よほどの能天気でもないかぎり、これが満たされている場合は少ないはずだ。なかでも働き盛りの人間にとって、自分の仕事の行き先が見えず、生きがいを感じられないことほどつらいことはない。というより不幸の極みである。

そんなとき、正論をもっともらしく無難な言葉や文字で発信する文化人や評論家の類は世間に掃いて捨てるほどいるが、今のご時世、そんな話など何の足しにもならない。

そんなときこそ、毒があっても自分の前に立ちふさがる黒雲を一掃させてくれるような、時に世の中の劇薬ともなってきた人物の存在を見逃す手はない。

好悪は別にして、以下に登場する三人の男ほど、強き本物の日本人にして、決断と実行力を武器に今日のわれわれに熱いメッセージを送ってくれている人間がいるだろうか。

今も嫌われ役の〝昭和の妖怪〟岸信介、血も凍りつく鬼憲兵と罵倒されながら無実の罪を負って縛につき、出所後は満州の闇に君臨した影の男、甘粕正彦。そしてもう一人は、いまだに巷の人気が衰えることのない〝角さん〟こと田中角栄がその人たちである。

いずれも乱世を生き抜いてきた知恵者たちだが、三者三様の生きざま、物の見方や人の動かし方に、通常の人間とは桁外れの違いを見せた。

言うまでもなく、三人に共通するのは、したたかなアウトローの人間たちである。それだけに、常人では達しえない物事の本質、裏側を見抜く力が半端でなく、発想はユニークだった。加えて毒や臭みがあるから、その刺激臭は並ではない。

彼らは組織や大勢の人間を動かしてきただけでなく、まわりを心酔させた実績があるだけに、今日を生きるわれわれには、指針となるだろう。

では彼らは、いったいどんな悪事を働いたのか。私は十数年ほど前、拙書『満州裏史』に岸信介と甘粕正彦を主人公にして書いたが、満州時代の岸・甘粕コンビは、アヘンの総元締めとして、巨額の汚れたカネを動かしていた事実は、部内の数少ない関係者だけが知っていた。「岸さんもあそこまで手を汚さなくても…」と言わしめたが、本人はケロッとしていた。

満州国政府に君臨した岸は、法律を作ってアヘンの生産を専売制、つまり政府公認の許可制にして生産者を限定した。さらに法律で密売を取り締まって値段を吊り上げ、カネはダミー会社をいくつも通して浄化した。これが、彼の名文句〝汚水も濾過すれば清水になる〟の中味であるが、彼の悪知恵には脱帽である。

そして、生産者組織との契約実行責任者であり、数々のダミー会社の経営を指揮したのが、闇社会に君臨する甘粕という図式であった。しかし自分の物といえば釣り用のモーターボート一隻だけで、生涯、家も借家で通したから、月並みの表現で言えば〝格好良い男〟である。

もちろん、そうとも言えない話もある。私は数年前、マレーシアのペナン島で、甘粕の定宿を突き止めたことがある。彼はここで在外インド独立運動の部隊長と、反英工作のための多額の資金を渡しながら、密談したことが英国側の調査資料で確認したが、これは必ずしも悪い話というわけではない。

だが甘粕は、満州北部に対ソ連攻撃用の秘密基地を作り、完成したのを見届けると、作業に従事した苦力（クーリー）たちを全員殺害させた事実が判明している。いかに情報の漏洩を避けたとはいえ、非情な事もしてのけた男である。

話はアヘンと謀略に行きすぎたが、アヘンの上りは謀略の工作資金と満州国政府の金庫に収まり、お国のためという大義名分は成り立つことになる。ところが、ロッキード社の汚水を濾過せずに手にしてしまったのが角栄だった。岸や甘粕だったら、そんなヘマはしないところである。

だが、そんなオッチョコチョイの角栄であるから、欠点も平気でさらけ出し、却って人間らしくて私たちには親近感がわく。

ここに登場する三人の男は、それぞれ濃いエキスの詰まった名言も遺しているから、しばし耳を傾ければ、悩める現代人には、強力なカンフル剤になること請け合いである。

岸信介が遺していった証言記録のなかに、戦後の政界で出会った田中角栄に、ぞっこん惚れ込んでいる発言が幾度も出てくる。だが岸信介といえば、大正の末あたりからすでに霞ヶ関の中央官庁では「商工省に切れ者の岸あり」と、その頭脳と辣腕ぶりは有名で、陸軍の中央、特に満州派の軍人たちからも注目されていた男だった。その後は、関東軍の肝いりで満州国政府に三顧の礼で迎えられると、だだっ広い原野を瞬く間に産業立国にしてみせた。そんな希有な実績を引っ提げて日本に返ってくると、東条内閣では軍需産業のトップリーダーとして指揮を執ったことはつとに知られていた。戦後の三年有余にわたる虜囚時代に辛酸をなめはしたが、学生時代から「オレは長州で何人目の総理大臣になるのかなあ」と友人たちに豪語してみせたとおり、天下を取ったのも周知のとおりである。

政治家になるべくしてなった岸信介には、人間の力量を見抜き育ててみせる特異な才能も備えていた。そこで彼の目に留まったのは、田中角栄という、雪深い越後の田舎から出てきた高等小学校出の若造である。ではいったい岸は田中角栄という異色の男に何を見いだしたのだろうか。

【いやあ、田中君のあの決断と実行力はたいしたもんだ！　あれほどの男は見たことがない】

プライドが高いことで有名な岸が、そんな褒め方をする人間はほかにはいなかった。いや、実はもう一人だけいた。満州時代に出会った伝説の人物、甘粕正彦がその人である。

人が他人を褒めるのは、自分とは異質の才を見せられたときである。つまり、自分でも真似のできない才能や実績を相手側に認めているからであって、多くの場合、親近感や好意的視点が背景にある。

では何ゆえ角栄と甘粕なのかとなると、岸には敗戦後の焼け跡からすい星のごとく出てきた角栄と、満州時代の盟友・甘粕正彦がダブって見えているのだ。そのため角栄を見るたび、岸には甘粕の姿が脳裏に甦ってきたらしい。

だが焼け跡といっても、正確にいえば、岸は終戦直後の東京の焼け野原をほとんど見ていなかった。

昭和十九年七月に東条内閣を自らの手で潰すと、静かな郷里・山口県田布施町に引っ込んでしまっていたし、終戦の翌月から、戦犯容疑で三年三ヵ月の虜囚時代があったからである。

だが生殺与奪の権限をマッカーサーに握られ、明日の命も分からない地獄の世界に陥っていた時代には、華々しく産業立国の陣頭指揮を執った満州時代が懐かしく甦る。あのとき互いに実力を認め合った甘粕がことのほか輝いて見えているのだ。

無理もない。彼らが手塩にかけた満州は終戦とともに幻の世界に行ってしまった。ことに甘粕は終戦の日の夕暮れ時、小高い満映（株式会社満州映画協会）の丘の上から、大きな赤い夕日が地平線の向こうに赤い火の玉となって消えていく光景を見つめていた。

だが満州の落日を見届けたこの男は従容《しょうよう》として青酸カリをあおり、この世の人ではなくなっていた。

復興の時代の到来とともに甦ったといえる岸は、角栄と甘粕のリーダーとしての力量もさることながら、きわめて個性的な人生哲学にひかれていくのだ。

寄り道はあったにしても、日の当たるエリート街道をまっしぐらに駆け上って天下を取った岸は、無手勝流で底辺から這い上がり、目を見張る〝決断と実行〟〝仁と義〟の古い価値観を持ち合わせた彼らに、ことのほか異質の人間の魅力を感じていたからにほかならない。

岸は東大法学部的な価値観や思考から抜き出た男ではあったが、無手勝流で立ち上がってきた角栄のような実力者を、いまだかつて見たことも、接したこともなかった。つまり岸は、民や国会議員、官界、業界をなびかせてしまう天才肌の角栄の未知の恐ろしさを知ったのである。

この世で毒のない人間は面白味に欠ける。満州時代にアヘンにも手を染め、巨額のカネを動かしていた岸の「汚水も濾過すれば清水になる」は有名なセリフ。

アヘンといえば、満州の闇の世界を仕切っていた甘粕だが、岸を表に出さないように覆い隠してしまった。

甘粕は人を悪者にすることをひどく嫌った。アナキスト大杉栄と妻の伊藤野枝、大杉の甥で六歳だった橘宗一が殺害された〝大杉事件（別名：甘粕事件）〟の犯人とされた憲兵大尉・甘粕正彦は、一言も申し開きをしなかった。

だが事件の詳細については、筆者は別の書にも書いたが、甘粕は真犯人ではなく、陸軍の汚名をひとり被った義の男であった。満州では謀略の親玉だった一方で、満映（満州映画協会）理事長として数々のヒット作を製作し、新京オーケストラを創ったりした文化人だった。そんな甘粕に岸が惚れ込んだのは無理もないし、満映のトップスター李香蘭も甘粕理事長にぞっこんだった。

「満州の主役は関東軍ではなく、昼間の満州は岸信介が支配し、夜の主役は甘粕だった」ともいわれるが、実際岸は胸を張って、「満州は私の作品である」と言った。なるほど高粱畑の大地を近代都市国家、巨大な産業立国にした岸の手腕は見事というほかはない。

岸と満州の地で出会った甘粕正彦が、在満中の岸をあそこまで大きく育て、その岸が、戦後の混乱のなかからでてきた若き田中角栄に注目し、三十九歳一ヵ月の彼を、岸内閣の郵政大臣に抜擢した。そしてこの三人には、戦争を挟んで、そんな因縁がついてまわる。

このとき角栄は当選五回。三十代という若さで、戦後初の最年少閣僚となった。ちなみに明治三十一年（一八九八）、大隈重信内閣で文部大臣になった尾崎行雄と同じ歳である。田中角栄抜擢は、読みの深い岸一流の、〝先物買い〟といわれた。

それにしても、時代の曲がり角で偉才を発揮したこの三人。昨今の日本に、彼らほど破格の人間力、個性的で強力なカリスマを持ち合わせたリーダーは見当たらない。

日本の政治社会が大きな転換期に入ると、角栄と岸が再評価され、「彼らが今いれば」がささやかれ、影の存在に徹した甘粕正彦の存在が光を増す。それは単なるノスタルジアではなく、失ってはじめて気がつく部類の「自分の見方は甘かった」という悔悟の念をかき立てるからでもある。

陽の田中角栄と岸信介、不気味で妖しさを秘めた陰の甘粕正彦は、いずれもアウトローの男の範疇に入る。「悪名は無名に勝る」と言ったのは政界のミッチーこと渡辺美智雄（元副総理・蔵相）だったが、聖人君主にはほど遠い臭みと毒のある人間がかくも魅力的なのは何ゆえか。

見据えるべき時代が異なり、日常生活の風景が変わっても、彼ら三人の存在は永遠に不滅なのである。

本書は、乱世で身に付けた人生哲学に共通点の多いこの男たちの生きざまから、真のリーダーの条件を問い直す試みである。同時に、彼らが遺していった言葉が今日のわれわれの人生観をいかに豊かにしてくれるかを、じっくりと味わってみたい。

だが言うまでもなく、角栄と岸は宰相まで務めた政治家だが、甘粕は政治家ではない。しかも表の顔として出ていくことをひどく嫌った甘粕であるから、筆者は甘粕を岸信介の心の中に生きている分身として、なるべく表に出さないように、人生哲学、金銭哲学の面から岸と角栄に割り込ませるにとどめた。

乱世を生き抜いた知恵
岸信介、甘粕正彦、田中角栄

◎

目次

第4章 人情の機微に通じた男
——庶民への目線と気配り——

第5章　政治哲学　123

第6章　それぞれの人生哲学　163

第1章

怨念を背負った男たち

負の要因を飛躍のエネルギーに

ここに登場している三人の男たちには、親が築いた資産や地位を引き継いで世に出てきた〝二世○○〟は一人もいない。岸の親の家業は田舎の小さな造り酒屋にすぎず、十人の子供の教育で家計はいつも火の車だった。甘粕の場合は、遠い先祖が上杉藩の家老職にあったとはいえ、父親は地方の一警官で、おまけに九人きょうだいの長男であるから、家計の苦しさは身近に見てきた。田中角栄の場合は、幼い頃父親が種牛の取引に失敗して大きな借財を抱えたため、子供の頃から田んぼの中で汗を流し、貧乏が身に染みていた。

大成した人間に共通するのは、負の要因を飛躍のエネルギーに変える能力に長けていることだが、彼らもまた後年、大金を動かしたけれど、カネにはきれいだった。

では怨念の中味となるとどうだろう。岸の場合は郷土の長州が権力側に抱いてきた積年の恨みの反骨精神が「オレが天下を取ってみせる」の原点になったことである。角栄には、一年の半分近くが雪に覆われ、中央から見捨てられているという郷土の現実があった。そして甘粕には、無実の罪で三年間獄中生活を送るうち「出獄したら北の大地の一番星をめざし、満州のために一生を捧げる」という熱い心が芽生えていたことである。

戦後の日本は焦土の中から立ち上がったが、「負をバネに」には組織と個人、時代の違いを超えた普遍性がある。

――背後にいた三人の〝明治の母〟――

【子供の頃、オレはオフクロの寝顔を見たことがなかった。朝は5時、冬は6時に起きたが、母はもう働いていた】


田中角栄が十五歳で上京するとき、母フメは、それまで郵便局に積み立てておいた息子の月給をそっくり渡しながら言った。

「人間は休むことも大切だから、働いてから休め。悪いことをしなければ住めなくなったら、家さ帰ってこい。それから金貸した人の名を忘れても、借りた人の名を忘れるんじゃないよ」

そう言って送り出した息子が後に日本の総理大臣としてテレビに初登場すると、母親はハンカチでそっとブラウン管の埃を払って食い入るように見つめていた。

この光景を見ていた支援者たちは、みな涙したそうである。

「世に出て大成した人間の後ろには、立派な母親がいるものだ」は本当である。

終戦二年目に「日本列島改造論」の原型

角栄が生まれた越後は、長い冬の間、深い雪に覆われる。人々は自然の猛威の前にただ忍従を強いられ、それはまた貧しさとの戦いでもあった。

彼がよく口にした「人は馬鹿にされ、踏みつけられても、付いていきます下駄の雪」という、北国の人に共通する我慢の象徴が、厳しい雪国の実態を物語っている。

角栄は「雪というのはロマンじゃない。生活との戦いなんだ。地方分散、一極集中の排除というのは、雪との戦いなんだ」

とも言っている。

この男の戦後は、「取り残された豪雪地帯」「焼け跡の東京」が原点となったのである。

角栄は日本列島改造論をぶち上げた頃、ダミ声を張り上げて言っていた。

「東京、名古屋、大阪など、経済で繁栄したところはみんな太平洋側なんだ。冬の間、快晴の日ばかりだが、天気予報を見ると、東北の日本海側は来る日も来る日も雪だるまのマークばかりだ。

ワシなんか藁沓《わらぐつ》はいて、見上げるような雪の壁の間を通って小学校に通ったんだよ。この状況はいまでも大して変わっていない。これじゃあ大企業も来ないから、税金も落ちてこない。

これは、日本全体からみると大きな損失だな。そこでだ。日本全土を高速道路と高速鉄道で結べば、どうなるかは、子供でも分かる話なんですよ。それを政治家がやらなくて、だれがやるんだ！」

裏日本を犠牲にして表日本だけが繁栄している構図を解体して、農工商の三位一体による国土の再編成を行うというものである。

だが角栄が「高速度鉄道」「高速道路」を初めてぶち上げたのは、終戦からわずか二年後のことだった。一九四七年、戦後二回目の選挙に打って出た角栄は当選を果たしたが、そのとき選挙民に向かってこう言い放つ。

「越後山脈のどてっぱらに穴を開け、高速の鉄道と道路を通し、二時間か三時間で東京に着くようにしてみせる！」

終戦の二年目といえば、日本の大半の都会が焦土と化し、みんなが飢えて、今日の糧を求めて必死になっていたときである。後の日本列島改造論の原型はすでに角栄の頭の中に描かれていたのだ。

いつも角栄の志ははっきりしているうえに、誰にでも分かりやすく、話しぶりはユーモアが満載されているから大衆の共感を呼ぶ。大衆が何を求めているか腹の底から考え、人の心の中にグイグイ入り込んでくるのだ。現在の安倍総理などとは大違いである。

列島改造で国民をアッと言わせたこのアイデアは、新潟への利益誘導だと陰口も叩かれたが、現在、新幹線も高速道路も九州、北陸地方、北海道まで延び、まだまだこれからも延びつづける。

東京一極集中を避け、地方創生など昨今の目新しい政策ではなく、元をたどれば角栄の列島改造論は、今に生きているということである。

先のフレーズは、記憶に残るお馴染みの角栄語録の一つだが、彼の志向と行動の原点は、視界が閉ざされた豪雪地帯に生まれ育った人間の怨念でもある。

しかも高等小学校卒だけの学歴で、並みいる中央官庁の役人、財界人、同じ保守系議員、政敵や野党の議員まで虜にした伝説の男は、物心ついた頃から、越後の山を越えて、日本の中央に出ていく志に取りつかれていた。

加えて彼ほど情に徹した人間も珍しい。それを武器に政界に君臨した政治家はもっと珍しい。

田中角栄の敬愛する、山本五十六

雪深い越後は、長い冬の間、雪の下に蓄えられていたエネルギーがなさしめる業か、時に破格のカリスマと度胸を持った人間を輩出してきた。

角栄には日頃から敬愛してやまない、二人の郷土の大先輩がいた。明治戊辰《ぼしん》戦争で涙をのんでも、武士道を貫いた越後長岡藩の家老・河合継之助、同じ戊辰戦争で焦土と化した長岡に生まれ育った、海軍の山本五十六である。

筆者は、山本をよく知る、長岡悠久山にある堅正寺の橋本禅師からこんな話を聞いたことがある。

「河合先生と山本さんは、長岡藩が二百年かけて作りだした傑物です」

当時は田中角栄の全盛時代だったが、なるほど角栄があの二人に惹かれるのは、彼らが自分と同じ、長岡が負った怨念の系譜に連なる人間のせいかもしれない。さらに、河合、山本の悲劇的な最期にも惹かれるものがあったのだろう。先輩たちが背負った〝滅びの美学〟は角栄にも当てはまる。

そして、学閥も門閥にも無縁の少年が、親からもらった健康な五体と熱い心と度胸だけを頼りに、雪深い郷里から出てきて着いた〝あゝ上野駅〟。

だが青雲を志した紅顔の少年を待っていたのは、世界恐慌からいまだ立ち直れない東京の殺伐とした雑踏であった。加えてそこには、郷里にいては分からなかった大陸できな臭い空気も漂っていた。

おまけに頼りにしていた理研コンツェルンの創始者・大河内正敏子爵とは面会もかなわず、いささか気落ちしていた。後に大河内子爵とは偶然エレベーターの中で出会い、気に入られて仕事を請け負うことになるのだが、それはだいぶ先のことである。

それから井上工業東京支店の住み込み作業員、雑誌『世界評論』の見習い記者など職を転々とする。

相手の顔を立ててから交換条件

【こんど捕まえたときは、署にしょっぴーて下さい】


上京してまだ日が浅いそんなある日、角栄は意外な人間力を発揮する。顧客への配達帰りの夕暮れ時、無灯火で走っていた角栄少年は「オイ小僧、待て！」と鬼の形相をした警官に呼び止められた。オイコラ警察といわれた時代である。

「電灯もつけずに走ったら、どんなことが起きるかわからんのか！」

すると角栄少年は落ち着いた表情で「たしかにおっしゃる通りです。しかし、ボクはいつもこの道を通りますから、今度同じことをしたら、そのときは署にしょっぴーて下さい」

まず相手の顔を立てておいてから、こちらの交換条件をぶっつけて取り引きしたのである。

件の警官は、今どき珍しい腹の据わった小僧だなと言いたげな表情になると、

「まあ今日のところは見逃してやろう。気をつけて帰るんだな」

で一件落着した。

このとき「道に迷いまして」とか「思いのほか先方で時間がかかりました」などと言い訳がましいことを一切口にしていない。相手ものめる条件で取り引きするところは、とても十五や十六の少年とは思えない。

都会に出てきて日の浅い少年の生きるための知恵をはるかに超えた、後年の政治家・田中角栄の片鱗がうかがわれる。

少年時代の太閤秀吉を彷彿させる天性の政治性が、この頃から身に付いていたのだ。ほかのどんな角栄語録よりも、筆者は「田中角栄青雲編」ともいうべきこのセリフが好きである。好きというより、脱帽である。

岸信介、長州人の反骨精神

【天子様とお殿様以外の人間なら、口喧嘩では負けんよ】

これが岸信介の母・茂世の口癖であった。長男の市郎が海軍中将、弟二人が総理大臣になった佐藤家には、ほかに七人の姉妹がいたが、いずれも女学校では飛び抜けて秀才だった。長州藩士の血を引く十人の子供たちの母・茂世は、勝気でプライドが高い半面、お人好しで涙もろい明治の母であった。

では岸信介を頂点に押し進めた原点は何かといえば、長州人の反骨精神。これこそ「何ゆえ、長州から多くの総理大臣が生まれるのか」の解答そのものでもあるが、岸自身はこう言っている。

「長州人の怨念は関ヶ原以来だから、相当古い話だ。それまで大藩だった毛利藩が関ヶ原以後、小さく抑えつけられたことから、反骨精神が生まれたんだ」

関ヶ原以来といえば、土佐の男の「いごっそう」、女の「八キン」も、元はといえば関ヶ原の戦いを境に上士と下士が入れ替ったことに始まっていた。それまで土佐は長宗我部の支配下にあったが、関ヶ原の戦で功を挙げた山内一豊が新しく領主になると、長宗我部の旧臣たちを郷士、自身の家臣たちを上士として逆転させて差別化を図った。当然、旧臣たちから恨みを買ったが、坂本龍馬や明治の政商・岩崎弥太郎たちも、そんな怨念を背負って世に出てきた男である。

そこで長州人たちだが、関ヶ原の恨みに加えて、日露戦争終結直後に小学校に入った岸信介は、ソ連の巻き返しを恐れ、共産主義を嫌悪する精神風土の中で育った。

【ボクは長州で何人目の総理大臣になるのかなあ】

この幕末・維新の志士の申し子ともいえる岸信介は、中学生の頃からすでに総理大臣を夢見、大学時代には友人に向かって、このセリフを真顔で言っていた。

そもそも、郷土の怨念を背負って世に出てきた男には、共通の遺伝因子があるようである。怨念は郷土の枠を超えて国家を意識させ、立身出世を志向するエネルギーに替える。

岸信介には、郷土の志士たちが好んで愛唱した「自ら反（かえり）みて縮（なお）くんば、千万人と雖も吾往かん」の精神が、安保改定のときにもいかんなく発揮された。国会議事堂や首相官邸、私邸がゲバ棒を持ったデモ隊に囲まれても、安保改定を実現させてしまった。

反省して自分にやましいところがなければ、千万人の反対があっても、自分の道を進むという決意表明である。

そもそも、サンフランシスコ平和条約締結と引き換えに、同じその日に結ばされた旧日米安保条約は、独立したとはいえ占領下同然の不平等条約であり、アメリカの従属国家のままだった。そこで岸の反骨精神に火がつき、メラメラと燃え上がる。

日本が本当に独立国家になったのなら、日米対等の条約に改定しようとするもので、実際、あの日米安保改定によって日本は平和で繁栄の道を行くことができた。

「安保改定すれば、日本はアメリカの戦争に必ず巻き込まれる」と言った当時の共産党や社会党の宣伝を盲信して踊らされた自称〝インテリ〟たち。

当時の日本人はまだ戦争アレルギー、戦争のトラウマから抜け出していなかったから無理もない面もあるが、彼らはその後、口を閉ざしてしまい、企業戦士となっていった。だがプライドの高い岸は、ゲバ棒を振るった彼らを無定見な輩と見ていた。たしかに日本の知識人と称される人間の多くは、そんな程度だというのは、本当だろう。


かたや日本列島改造論には、反対意見があっても、田中角栄というコンピューター付きブルドーザーは停止や躊躇などとは無縁だった。

昭和の歴史を顧みれば、ずるずるとドイツに引きずられていった為政者たちのように、信念がなく、周りのムードに流されていった者たちが大勢いた。

本心では反対だったのに、周りの勢力や雰囲気に飲まれてずるずると三国同盟を結んでしまった近衛文磨などがその典型である。本心とは違っていても時流に流されてしまうこのような為政者は、歴史に禍根を残すのが常である。

近衛にいたっては焦土と化した東京を見て「わが家も戦災の憂き目をみていますよ。応仁の乱のときでした」と、真顔で言って周囲を驚かせた。宇宙人のような感覚のお公家さんには、怨念を背負った人間の魂の叫びが欠落していた、としか言いようがない。

甘粕正彦が収監で得た経験

【あの子にかぎって、人様を殺すようなことは絶対にありません。どうか本当のことを話すように、正彦に伝えてください】

こちらは血なまぐさい事件である。関東大震災直後の東京憲兵隊内で起きた、大杉栄事件の犯人とされた甘粕正彦の母は、毅然として弁護士にそう言った。

同じ怨念の系譜に連なる人物でも、異端児・甘粕正彦の怨念は事情が違っていた。こちらは元上杉藩家老の家柄に生まれ、先祖が将軍吉宗から拝領した刀を、長男の彼が受け継いできたような環境で育った。

生まれは仙台だが、地元の小学校から名古屋の陸軍幼年学校、市ヶ谷の陸軍士官学校を出てエリートコースを無難に歩き始めた。「少年よ　大志をいだけ」の時代精神に後押しされ、末は陸軍大将を夢見る当時の若者たちの典型の一つである。

だが人間の運命とは、神様のご機嫌ひとつで狂うことがある。歩兵将校は時に四〇キロの重装備で行軍することもあるが、見習士官時代に落馬して膝を痛め、軍人の道を断念せざるを得なくなってしまったのである。

そこで師範学校に入り直し、学校の先生になるつもりでいたところ、陸士の生徒時代から目をかけてくれた教官の東条英機大尉（後の首相）から呼び出された。そのとき東条から「憲兵は軍の秩序を守る要だ。天皇とお国にご奉公する意義は、少しも変わりない」と勧められ、憲兵の道に進んだ。

だがそこに、大きな落とし穴が待っていた。関東大震災直後の東京で起きた「大杉事件」の犯人として軍籍を剥奪され、千葉刑務所に収監されたのである。無政府主義者・大杉栄、妻の伊藤野枝、大杉の甥で六歳の橘宗一が東京憲兵隊本部の中で殺害された事件である。

【私は殺害は一切やっていません。ましてや子供まで殺害するなんて、断じてやっていません】

軍法会議で涙ながらに否定した甘粕。だが陸軍上層部から説得され、天皇の軍隊の面子と威信を守るために自供を翻し、縛についた。

「赤いべべ着せられ、犬の鑑札みたいな金属札を付けさせられて、オイそこの○○番！」などと呼びつけられるのです。

普段は独房のなかで封筒貼りやワラジを造り、食事当番の日は、各房をまわって小さな窓口から、猫の餌みたいな食事を配りました。ときには、重罪で長くいる檻のなかの古参兵から、なんだこの飯のつぎ方は！　とどなられまして。憲兵大尉だった身が…と思うと辛かったです。

自分に当番がまわってくると、肥えタゴを担いで、各房の便所の汲み取り口をまわり、柄杓（ひしゃく）を入れてかき回して桶に移してから担いでいくのです。いつもきまって股引が汚れまして。

便壺に落としたタワシを素手で拾って、汲み取り口を洗うのですが、その慣れが悲しかったですね」

後年、甘粕は、「監獄の冬の寒さと、夏の暑さは、体験した者でないと分かりませんね」とも言っている。そういえば、角栄、岸も獄中生活の体験者である。

甘粕の場合は、天皇の軍隊の威信を守るためとはいえ、大杉事件の替え玉にすぎず、教戒師の「過去を悔い改めるように」という説教に「どう改めろと言うんだ」と日記の中で反発し、軍上層部にする激しい抗議を獄中記に綴っている。いったん押された殺人者の烙印は、一生消えることはないのだから無理もない。

だが三年で自由の身になると、以後、生涯を通じて事件の真相を語ろうとしなかった。その後、満州に一番星を見つけて大陸に出ていった甘粕。こんな異様な体験を経て満州に放たれ、満州国を陰で操る実力者にのし上がった甘粕。

一方、関東軍から三顧の礼をもって迎えられた岸信介は、新京（現長春）の満州国政府の要人として采配を振るうことになる。そして岸は甘粕正彦という、有能で私心のまったくない男とともに満州を引っ張っていく。

そこで、満州各地をくまなく歩く影の男・甘粕は、富錦（フーチン）に駐屯する騎兵部隊で兵役に就いている田中角栄とニアミスをしていた。

しかも、角栄の部隊が満ソ国境のノモンハン事件に出動すると、甘粕はすぐに現地をくまなく視察に訪れていたのだ。

だが角栄と甘粕は、この世で相まみえることはなかった。会ったのは冥界へ行ってからである。

第2章

男が惚れる男の条件

決断力と行動力

世の中には男がとことん惚れ込んでしまう人間が時々出現する。一言で言えば、比類なきカリスマの持ち主ということになる。

筆者が〝男がとことん惚れ込んでしまう人間〟というフレーズと初めて出合ったのは、満州時代の甘粕正彦に仕えた司法省出身の武藤富雄（戦後、明治学院大学院長）と、大蔵省出身の古海忠之（戦後十八年間、中国に身柄を拘束される。帰国後は東京卸売センター会長）による著書の中であった。

この二人は省内では将来の局長候補といわれたが、「満州国建国のために、霞ヶ関の優秀な人材を送り込め」の方針で、若いうちから満州国政府に送り込まれた。だが武藤も古海も「殺人鬼が満州国の政治に関与するとはけしからん」と言って距離を置いていたが、すぐに甘粕の虜になってしまった。

治外法権を撤廃してくれた日本政府に、答礼の使節団を送るときの最終会議の場面であった。使節団のメンバーに白系ロシア人が入っていないことに武藤が異議を唱えると、甘粕は「あなたの言うことは五族協和の精神からいっても、正しいと思います」と言った。ところが、担当科長が総務庁からもらう補助金による予算ももう決まっていて、出発は二日後に迫っていることを楯に譲ろうとしない。

するとと甘粕はサッと席を立って、武藤のところに来るなり、こう言ったのである。

【「使節団に白系露人を入れなかったのは誤りでした。しばらく待っていてください。私がいま手続きしてきます」と言って車で出ていったが、三十分すると甘粕は戻ってきて、『いま関東軍第四課（政治担当）と、総務庁を回って、白系ロシア人派遣の了承を得て、予算ももらってきました。すぐにハルピンの白系露人事務局に電話して、直ちに代表を選んでもらってください』】

とあいなった。

このときのことを武藤は「それまでの役人生活で、こんな人物は見たことがなかった。

あの決断力と行動力には、正直、舌を巻きました。その後もずっと私には役立っている」と書いている。

古海忠之も、初対面の頃は「こんな人殺しとかかわりたくない」と、距離を置いていたが、身近に接しているうちに、

「あの人の行動は、いつも私利私欲と無縁であった。いくつかの異なる顔がひとつの個に集約されていたといっていい。考えておきましょう、のような役人言葉とは無縁の変わった人物で、私はすっかり虜になり、一言でいえば、〝男が惚れる男〟である」

と、べた褒めであった。

政治家として生まれた男

岸の場合は比類なき頭脳と、どんな人間の話にも耳を傾ける政治家向きの素養、一度世に出たらスケールの大きな仕事を見事にやり遂げるという優れた素養があった。三年三ヵ月ぶりに巣鴨から出てくると、各界の人間が今や遅しと待ち構えていた。

岸には学閥、長州閥、満州閥のほかに官界、財界、政界の人脈を見れば明らかなように、主として指導者層から絶大な評価を得ていた。

だが大衆的人気はまったくと言っていいほどなかった。大衆とは岸に言わせれば「ゲバ棒もって官邸や議事堂に押しかける連中は、偏向した極左勢力であって、あれは大衆じゃない。後楽園球場にくる何万もの観衆とか、銀座で手を繋いで歩いているカップル、割烹着姿で魚や野菜を買っている主婦…あれが大衆ですよ。でも政治には無関心な者が多いね」

と言っている。

後楽園といえば、こんなエピソードを残している。安保改定で日本中が揺れているさなか、官邸内の食堂で記者連中と、ごひいきの新人・長嶋茂雄のプレーに釘付けになっていた。

「群衆が押し寄せるのは、議事堂や官邸ばかりじゃない。見てみろよ。今日も後楽園は超満員じゃないか」

岸はそう言ってうそぶいた。

理屈を抜きにしたカリスマ

だが、大衆派をもって任じる角栄の見方は違っていた。七〇年安保当時、佐藤（栄作）内閣の幹事長の職にあった田中角栄は、自民党本部でフランスを代表する新聞ルモンドの辣腕記者として知られる、ロベール・ギランのインタビューを受けていた。

そのとき眼下を〝安保粉砕〟を叫びながらデモ行進する学生たちを指さしながら、ギランが「あの学生たちをどう思いますか」と尋ねた。

すると角栄はこう答えた。

【あの連中は日本の大事な倅（せがれ）だ。いまはハシカにかかってワアワア騒いでいるが、学校を出て社会の荒波にもまれ、女房をもらって子をなせば、世の中が理屈通りにいかないことがだんだん解ってくる。そうなればハシカも治まる。大学でろくに勉強もせずに、女の尻を追っかけまわしていたり、麻雀で指にタコができている連中よりも、ずっと

【社会の役に立つようになりますよ】

上から目線で大衆を切り捨てる岸との違いがそこにある。

岸に国民的人気がなかったのは、あまりにも頭脳明晰でソツがないから、大衆の側が距離を詰められなかったせいもある。その岸にとことん惚れたのは戦前の東条英機だったといわれる。

それでも角栄は、ゲバ棒を振るう若い彼らの行動を批判しないわけでなかった。「社会が悪い、政治が悪いなんて、人に貢献できるようになってから言うべきじゃないか」

とはいえ、情の世界を映す鏡のような男、田中角栄は異質であった。

「わたしの趣味は田中角栄」と言ってはばからない側近が大勢いた。西村英一、二階堂進、江崎真澄、小沢辰夫…、若手では石破茂など枚挙にいとまがない。

だがこれは国会議員にかぎったことではなかった。地方議員、中央官庁の役人から、企業経営者、農協の上役まで広がり、地元では農家のおじさん、おばさん、商店主、主婦、ねんねこ袢纏で孫を背負ったお婆さんまで、その支持層はとてつもなく広かった。

理屈抜きにしたカリスマのせいだから、たとえロッキード事件のような刑事事件に関わっても、選挙に出れば平時以上に票を獲得した。

有罪判決後の総選挙でも、自身で最高となる二十二万票も集まったのだ。投票者の半分は角栄支持だった。

これなどは、豪雪地帯の人間にしか分からない心理と判官びいき。「角さんよ、国家権力やマスコミ、文化人と称する輩のバッシングなんかに負けるな」の声が後押ししたのである。角栄自身は「この選挙結果は、百姓一揆なんだ」

と言っている。

ではその魅力の発生源となったのは何かというと、並みいる各界の指導者層をなびかせてしまう、不思議なオーラがあったことである。曰く〝男が惚れた男〟。

このオーラは、官僚の前でさらに冴えわたる。

国民の目を持つ、剛腕

総理大臣・岸信介から抜擢された若き角栄の、郵政大臣就任早々の訓示がふるっていた。当時は、全逓（全逓信労働組合）という郵政関係の労組が幅を利かせ、総評傘下でも戦闘的集団として恐れられていた。しかも全逓は官側とケンカの真っ最中であるから、岸は角栄への期待と同時に、お手並み拝見といった心境だったようである。

だが角栄は初登庁する前日の夜、郵政省の正面玄関に堂々と掲げられていた全逓の看板を取りはずさせてしまった。

翌朝それを知った組合幹部たちは「窃盗だ！」と激怒したが、登庁した新大臣は、これまでの大臣のように組合の猛者たちから逃げたりしない。

喧嘩は立ち合い負けしないことが肝心だが、幹部連中を睨みつけると、強烈な先制パンチを炸裂させる。

【どこの国に大家よりでかい表札をかけている店子がいるか！　第一、君たちは郵政省に家賃を払っているのか！】

いかにも角栄らしい、土建会社の現場監督のようなセリフを言い放ったものである。小難しい法的根拠などもちだささず、正論の端々に愛情さえ感じさせるセリフであるから、幹部たちも絶句してしまった。

それから全逓幹部との会談の席で、角栄は諭すように語りかけた。

「スジの通ることなら君たちに味方して、閣内でも強く発言するが、不当な政治闘争は断じて許さん。労働者の経験があり、土建屋の大将だったオレだ。君らの主張には真摯に耳を傾ける」

角栄が主張し、実行したのは、濃密な人間関係を築いて難事を処理する手法であるから、これで全逓の闘争の流れは急速に収束に向かった。角栄の誠意が通じたからだが、まさに土建屋のオヤジの人間力であり、こんな芸当は官僚上がりの政治家にはできない。

だが組合の中にはワッショイ屋の異名を取る煮ても焼いても食えない連中もいた。結局、野上元（げん）委員長ら七人の解雇を含む大量処分を断行して終結に向かった。

全逓が春闘で時間内職場闘争をしている機会を逃さず、「国労法」「国家公務員法」の違反を盾に、粛清を断行したのである。

だがこのあたりの裏話は、早坂茂三秘書が、回想録にも書いているが、解雇断行の裏にも、角栄ならではの知恵と情が働いていた。

大蔵省と折衝して三億円を支出させ、首切り料として退職金を支払ったうえに、角栄の言葉では〝香典〟を上乗せして、職員が当座の生活に困らないように配慮したのである。

政治の筋道ははずさず、人情の機微で調和を図ったところは、角栄の政治手腕の見せどころになった一件だった。

角栄語録の中の「トドメは刺すな」「相手に恨みを抱かせたままにはするな」にも通じている。

在任中、角栄は民放テレビ三十六局の大量一括予備免許を断行して、世間をアッと言わせた。いまの時代にあっては当然のようなものだが、テレビ時代幕開けの道を開いた先覚者だったのだ。浪花節的な義理・人情を武器にした古い型の政治家である一方で、新しい時代感覚を先取りする読みの鋭さを持っていたのである。

「わしのような高等小学校出と違って、君たちは最高学府を出た秀才ぞろいだ。だからやれる仕事は、何でも思い切りやってくれ。その責任はわしが取る！」

これは四十四歳の若さで大蔵大臣に就任したとき、大講堂で省内の幹部を筆頭に、職員一同を集めて訓示したときの発言である。

高等小学校出の土建屋の大将が乗り込んできて、いったいどんな話が出てくるのか興味津々、冷やかし半分の意地悪な目つきで、事務次官以下の幹部が注目していた。

このとき、角栄と同じ歳の鳩山威一郎は幹部の一人として同席していたが、「高等小学校出の男に大蔵大臣が務まるわけがない」とあからさまに拒否反応。

そこへ扇子をバタバタあおぎながら入ってきた田中角栄の口から、先の言葉が飛びだしたのである。

「すべての責任は私が負う」

通常、新大臣の就任挨拶といえば、大蔵省出身でもない畑違いから来た場合は「これから勉強しますから、よろしくご指導願います」くらいしか言わない。

しかし今度の新大臣は、

「わしが田中角栄だ」

と切り出してから、先のフレーズで相手を圧倒する。

「いっしょに仕事をするには、互いによく知りあうことが大切だ。だから、われと思わん者は、だれでも遠慮なく大臣室に来てくれ。なんでも言ってくれ。上司の許可など得る必要はない！」

と言ってから、こう締めくくる。

「できることはやる。できないことはやらない。しかしすべての責任はこの田中角栄が負う。以上」

一同、これでざわつきだし、幹部たちは「この大臣のためなら、なんでもするぞ」という気になってしまった。

大衆や国会議員だけでなく、官僚の心までわしづかみしてしまう、希有な政治家の登場に、大蔵省の幹部たちも参ってしまったのである。

先の鳩山威一郎などは、角栄の総理時代には事務次官として列島改造案に協力することになる。

ちなみに四十四歳の大蔵大臣は明治新政府以後、初めてのことだった。しかも第二次池田内閣の三回目の改造内閣での就任であるから、所得倍増計画の牽引車となったが、近年の民主党政権が掲げた「役人から政治を取りもどす」というようなバカなことは言わない。

「役人はそれぞれの道のプロだから、彼らに最大限の力を発揮させる」が角栄の口癖で、実際そうさせた。

【役人は生きたコンピューターで、政治家は方針を示すものだ。役人と一度仕事をすれば、人間関係は切れない】

そう言う角栄が役人をどう見ていたかを物語る彼の証言録の中には、

「日本の役人は、外国の役人とは比べものにならないくらい有能だよ。仕事熱心でよく訓練された専門家の集団だ」

と評価する一方で、彼らの負の特徴も見抜いていた。

「役人はすべて既存の法律を前提にして、その枠のなかで物事を考えて行動するんだな。現行法でハリネズミのように武装した〝法匪〟が多いのもそのためだ。

だから、既存の法律が役に立たなくなって、状況が現行法の改正、廃止を求めていても、現実を無理に目の前の法体系に閉じ込めようとする。変化に敏感に対応できないんだ。

法秩序の前衛と自認しているだけに、人民を見くだしがちになる。責任の在所があいまいで、責任を負わされることを嫌う。鳥瞰的、俯瞰的にものを見ることが苦手なんだよ」

角栄は「法律に合わなくなったときは、その古い法律を捨てて、新しく作ればいい」という、現実主義者であるから、役人操縦法の原点はここにあったことになる。

そうなると角栄は、主要官庁でもドンということになるが、マージナルなところに身を置くほうが中心がよく見えるのたとえどおり、角栄の指摘は見事というほかない。

たしかに角栄が指摘するように、責任回避の術を身に付けた役人には、先の大蔵大臣就任の訓示で言った「責任はすべてこの田中角栄がもつ」は、彼らにはズシッと重みのある一言だったのも無理はない。


それでも就任直後は、中堅の役人とはよく衝突した。

「はじめはケンカになるんだよ。相手はなんであんたのいう通りにしなければならんのだ、とくるんだ。

そこでオレは、『いいか政党政治なんだよ。君が局長になればオレを利用するようになる』と言い返してやるんだ。するとあとでわかるんだな。『自分ははやり子供でした』って言いにくるよ。

だから、また役人はオレのところにやってくる」

ロッキード事件の後も、官僚が知恵と力を借りにきた所以である。

たぐいまれな人心掌握術

郵政大臣在任中に磨き上げた役人操縦術を、角栄は大蔵省に持ち込み、以後、彼との太い大蔵人脈が築かれた。

プライドの高い彼らをいかにして味方につけるかに腐心した角栄の真骨頂発揮の場面だが、ただのハッタリではすぐに化けの皮がはげるから、ずいぶんと勉強もした。

各省庁の若手の有能な官吏を呼んで勉強会を頻繁に開き、自身でも夜中に起きて勉強したが、夜中の勉強のことは人に語っていない。

角栄は彼らから必要なエキスを吸収するだけでなく、自身の洞察力で政治の現場で生かすことに腐心した。実際、この男ほど役人をうまく使った政治家はめずらしい。

一方、プライドの高い官僚にとって、郵政相、蔵相時代の田中角栄は仕事のしやすい大臣だった。長く角栄の政務秘書を務めた早坂茂三は回顧する。

「オヤジはよく勉強しているし、方針を明確に示してくれる。責任をとってくれる。懐に飛び込めば、骨まで拾ってくれる。これがわかると役人たちは安心してついてくる。彼らも持ち前の能力を惜しみなく発揮する。こうした図式が役人をうまく使いこなす〝角栄神話〟の実態だった」


主計局にいた相沢英之は、大蔵大臣・田中角栄の横顔をこう描写する。

「官僚にとってやりやすい大臣というのは、細かいことを言わず、役所の言うことを通してくれる人がいいわけです。

角さんには通す力があり、議会で発言力がありましたから。だから、角さんさえ納得させれば、大丈夫だという安心感がありました」

官僚にとっての角栄は、気持ちよく働かさせてくれる大臣だったのだ。

相沢は女優・司葉子の亭主としても知られるが、角栄が総理大臣のときは鳩山次官の下で主計局長を務め、支えた一人である。

だが役人時代、政治家時代の岸信介は、持ち前のカミソリのような頭脳と猛勉強で、部下から教わらなくても数字の隅々まで知り尽くしていたし、万事お見通しだった。

岸の兄で海軍中将になった佐藤市郎は、海軍史上この上はいないといわれたほどの秀才だったが、

岸によると「われわれの兄弟じゃあ兄が一番よくできたんだ。これはもう秀才ですよ。これが非常に成績がいいし、（母は）それを見ならえというんだな」と、岸は言っている。

折り紙付き長兄・市郎の頭脳にはさすがの岸も脱帽で、「彼の著書など読んでも、頭が透徹しておった」と言うし、弟の栄作にはさらに脱帽である。その秀才の兄が、岸をこう案じていた。

「信介は頭脳明晰すぎるから、部下はやりにくいだろう。上司にはデッド・アングル（海軍用語で大砲の死角）があったほうが、部下はやりやすいのだが…」

多分に自身の体験で言っているようだが、佐藤市郎は政治にはまったく興味がなかったといわれ、中将で海軍を去ると、晴耕雨読の毎日を送った。自室は洋書に囲まれ、原書で

フランス文学作品を読みふけり、時には畑を耕して野菜作りをしていた。

結局、角栄は多くの有能な役人や参謀を駆使した政治家だったが、岸には名伯楽や名参謀はいなかった。角栄は役人使いの名人、岸は自ら采配を振るった官僚型政治家ということになる。

役人から頼りにされた角栄

【角さんからＯＫもらってくれ】

これは霞ヶ関の中央官庁内部で次官や局長クラスがよく使うセリフの一つだった。役所では、本人の前でこそ言わないが〝角さん〟と呼んでいた。ちなみに佐藤栄作は総理時代「〝えいちゃん〟と呼ばれたい」と言っていたが、あの律義で気難しい佐藤を実際にそう呼んだ人間はいなかった。

唯一の例外は横山ノックで、国会の代表質問のしょっぱなで、「えいちゃん！」とやって、佐藤総理から「場所柄を考えてください」と、たしなめられた。

田中角栄には〝角栄〟か〝角さん〟がよく似合う。役所でもその呼び名で通ってしまうのだから、親しみやすい、それだけ身近な存在だったのだ。

【オレは若手の官僚が好きなんだ】

側近にそうもらしていた角栄の言い分は、こうだった。

「官僚でも局長、部長以上になると、もう自分の天下り先をみている。遮二無二、働こうという気は薄い。ときとして理屈、不満が先になる事が多い。そこへいくと、課長、課長補佐クラスは理屈、不満を言わず仕事熱心だ。だからオレはいつもそちらの方に目を向けている。

彼らが無理難題を持ち込んできても、すぐに解決してから、こう言ってやるんだ。お前たちは日本最高のエリートだ。この程度でオレに配慮するはずないだろう？　オレも見返りなど要求はしない。オレの気持ちだけうけ取ってくれ」

角栄の役人操縦術は、まず役人の顔と出身地を覚えるように写真入りの名簿が角栄のベッドの脇には置かれていたそうだ。

「役人の顔と名前、出身地ぐらいは覚えろ。いっぱしの大臣になったとき、自分の役所の局長を、『キミ、見たことないな』では話にならない」と、若手議員や側近たちにいつも言っていた。

出身地へのこだわりは、郷土とその人間性の関わりに角栄独特の人間学の感が働いたためらしい。

計画案の主旨説明に大臣室へ訪ねてきた官僚のなかに無名の若手を見つけると、いつもの癖で開口一番、角栄は

「オマエの出身地はどこだ？」

と尋ねたことがある。

「わたくしは東京生まれですが、父の代までは柏崎でした」と答えると「なんだオレの選挙区じゃないか」と、破顔一笑となった。

さらに「オヤジやジイさんは何をやってた」と畳みかけ「漁師の網元やっていたあの一族だな」となった。血縁と地縁を大事にしたのだ。

万事その調子なうえに、しばらくしてまた会うと、

「オヤジたち元気にしてるか？」と聞かれた。こうして、

「田中角栄はわたしのことを知っていた」と相手を惹きつけて、それからテキパキとした指示が機関銃のように飛んだ。

官僚にかぎらず、地方議員団から地元の陳情団にいたるまで、彼らのレベルやニーズに合わせて、どんな話し方でもできた。

とはいえ、角栄の言動は持てる実力を情で包み込んであるから、多分に浪花節的ではある。実際「浪花節大臣」といわれたのは、郵政大臣当時、ラジオで浪花節をうなったことがあったためだが、浪花節的な渡世術を役所から選挙区まで持ち込んだ政治家だった。

【必要なのは学歴ではなく、学問だよ。学歴なんか過去の栄光だ。学問は今に生きている】

役人に向かって角栄はそう言ったことがあるが、この発言は、高学歴の人間に対する学歴のない者の対抗心とも取れる。

角栄が指摘する「学問」とは「生きたこと、世のなかに貢献できることの為に頭を使え」の意味である。人生の実学から学び取った知恵であり、これはそっくり自身の内部に投影され、田中角栄という人間力の源泉となっている。

角栄は側近の早坂茂三にこう言ったことがある。

「今の自民党をみてもだな、どこをみても中位より上の優等生の集まりだから、理詰めの議論が多くて、大胆な政策や提案をしなくなっている。独創性をもち、エネルギーと統率力でグングン引っ張っていくタイプの人間がいなくなった。ここが問題だな。

しかし内外の情勢は、教授会のような議論を許さない。日米経済問題なんかも待ったなしなんだから。いたずらに議論で時間を浪費せず、ズバズバ決めていくことが必要だ」

そして極めつけは、こうだった。


【なんとなく馬齢を重ねて、そのうちに勲一等になったなどという政治家では、国民や国家の役に立たない！】


自分の政治姿勢の自賛とはいえ、身内の気の許せる者への講釈たれであるから、貴重な政治学の講義と思えば、ためになる。

宮沢喜一は「田中先生は天才的な政治家ですから」

と言うが、総理時代の宮沢を角栄は「あんなもの小役人だ」と切り捨てている。たしかに、いま「総理・宮沢はどんな仕事をしたか」と考えても、思い浮かんでくるものがない。

だが角栄流の実学といえども、彼には日本の一流の研究機関から無駄のないエキスを吸い取ったという自負もあった。

戦後まもなく田中土建の社長時代、エレベーターの中で偶然出会った理研（理化学研究所）の三代目所長・大河内正敏に気に入られ、建築の仕事を請け負っただけでなく、モノを創る思想を教えられたからである。

「オレは理研で、いまの知識の土台になっていることをすべて学んだ。日本のあるべき姿と、そのために必要なこともだ。だから理研はオレにとって大学だった」

仕事をもらったうえに、月謝も払わず学んだところは、やはりただ者ではない。

人との出会い、ためになる話との出合いはまさに運だが、高等小学校を出てから十五歳で上京するまで、柏崎で土方仕事をしていた角栄は、そのときこんな素晴らしい言葉と出合っている。

土方の現場から得た教訓

【土方のじいさんからこんないい話を聞いたんだ。土方は地球の芸術家だ。パナマ運河で太平洋と大西洋を結んだのも、みんな土方の仕事なんだ】

汗を流したモノ作りの現場で得た貴重な教訓だった。後年、国土政策の大家といわれた原点といっていい。

角栄といえば、高速道路や高速鉄道の建設を思い浮かべる向きが多いが、地方の都市建設にも熱心だった。

「いまは給与も全国的に平準化しているから、企業は地方に移しても、安定的に労働力は得られる。だから地方に立地したほうが得策なんだ。知識集約型産業は部品工場になっているから、組み立てだけやればいい。

自動車産業だってそうだし、すべての輸出産業もそうなっている。そうした産業があれば、二十五万都市なんかすぐにできるし、十分生きていけるんだ」

都市建設の基本は産業ばかりではなく、筑波学園都市の例があるように、大学もそうだった。東大が本郷から移転する案が浮上した頃、角栄はこう言っていた。

「東大が立川へ移るという話があるが、バカなことだ。

立川なんかへいかず、栃木県の那須山麓にいったらいいんだよ。高速度道路を使えば四、五〇分で着く。いまの本郷や駒場に比べれば、環境は抜群だ。

少しぐらい大きな声出して騒いだって、誰も文句なんかいわない。緑のなかで赤旗ぐらい振ってもいい。白旗でもいいよ。

ところがわしがその案を言ったら、『那須高原は雷が多い』なんて反対する者がいる。

雷がそんなにいやなら、群馬県の赤城高原にいったらいい。それもいやなら、軽井沢にいくことだな。あそこなら百万坪の敷地をもった東大ができるし、軽井沢にも二十五万都市をつくれる」

戦国時代、大名がへんぴな山間に城を築いても、すぐに周りに城下町ができて都市になった。だが角栄の発想には「地方創生」と同時に、選挙区の割り振りも頭にあったらしい。

実際、

「二十五万都市なら一つの選挙区におさまるし、職場へ車で三〇分以内で通えるんだ」

と言っている。

才のある人間にはチャンスが来る

【モノ作りと都市建設で、角栄の先輩は岸信介さんだ】

戦後、岸の周りには、かつて満州で築いた〝満州人脈〟が集まってきて、言ったのが先のフレーズである。

たしかに、戦前から「モノ作り」「都市建設」で実績があったのは岸信介である。

乗用車の国産化の実現など、商工省で采配を振るった岸信介は、満州時代はコウリャン畑を産業立国にするなど、作り上げた作品は数知れない。満州の広野に一大産業立国、近代都市国家を建設する青写真作りから、企業誘致、工場の建設、東洋一の豊満ダム建設など、国造りを指導した立役者だった。角栄が現場の人間なら、岸は卓上の理論を実践指揮した男である。

だが、岸は戦後すぐに戦犯容疑で収監され、三年三ヵ月後に出所しても、以後、昭和二十七年（一九五二）四月まで公職追放の身にあって、何もなし得なかった。

その間、戦後の混乱期と復興期を、二十代のうちから衆議院議員田中角栄は、馬車馬のように働いた。

「戦時中は、期待した神風は吹かなかったが、戦後になって吹きはじめたんだ」

と角栄は言うが、運命論者の彼らしい発言である。

岸に言わせると「吉田（茂）の爺さんは外交の専門家で、産業経済は何もわかっちゃいない」ということになるが、その吉田の目には角栄が余計に頼もしく映ったらしい。実際、角栄は吉田から目をかけられ、可愛がられた。

その岸も追放が解けると政界で奔りだし、総理の椅子を射止めた。

角栄が常々言っていたように、「功を焦らずとも、才のある人間には、必ずチャンスがまわってくる」ということだろう。

角栄は吉田茂から、「君のために書いておいた」と言って渡された書を大事にしていた。「咬竜（こうりょう）、雲雨（うんう）を得（う）」としたためてあり「オマエさんにも、いずれ時がくるよ」という意味だった。

【総理大臣なんか一度でいい】

だがそうはいっても、総理大臣は別もの。

「一国の総理は、なろうと思ってなれるものではない。運だな」

と角栄は言っている。

総理の座を射止めるのは、政界の力学関係の中で生じたジグソーパズルで最後の一つをめぐる争いの結果である。多分に巡り合わせがものをいうから、これはまさに運。

それでも岸信介は中学生時代から総理大臣を夢見、大学生のときも友人に向かって「ボクは長州で何番目の総理大臣になるのかなあ」と真顔で言っていた。

大学に残るように指導教授から強く勧められても、かたくなに断り、商務省（後の商工省）という二流の役所を選んだのも、産業経済のリーダーで実力と人脈を培い、満州行きも将来の夢のためだった。

総理大臣を辞めた後も、まだもう一度と思っていたのは、岸の総理辞職は、安保改定を強行採決したままであるから、未完よりもさらに一歩手前ということだったためらしい。安保改定後の政局を安定させ、所得倍増計画も自分の手でやり、さらに憲法改正をもって完成と見ていたのだ。

もっとも、角栄は「総理大臣は、一度だけでけっこうだ。血圧と血糖値が上がって身がもたない。しかし幹事長は何度やってもおもしろい。あれは何回でもやりたい」と側近の早坂茂三に本音をもらした。

事実、幹事長時代の角栄の、大汗かきながら大所帯の自民党をまとめ、野党と折衝する姿はまるで水を得た魚のように生き生きとしていたと側近たちは言っている。

角栄は佐藤政権時代、長きにわたって幹事長を務め、文字どおり佐藤栄作の右腕といわれた。〝人事の佐藤〟の裏方ナンバーワンこそ角栄だったのである。

角栄が総理大臣は一度だけでいいと言ったのは、仏教の「未完をもって完とせよ」の教義に通じる。未完成で終わることは、まだその先に夢の続きがあるということであり、完成の後に待っているのは崩壊だからである。

それはともかく、岸信介も角栄の手腕にはよほど感服したらしく、「幹事長だったら、田中君の右にでるものはいない」

と、常々言っていた。

弟・佐藤栄作内閣の幹事長として、七年を超える長期政権をしっかり支えている名幹事長・田中角栄を身近に見ていた岸の実感である。

その間、日韓国交正常化、沖縄返還など重要な外交の懸案事項の解決を見た。これは閣内が安定していたからこそできたわけで、幹事長・田中角栄の采配が光っていた。

だがその後の展開を合わせて考えてみると、角栄は総理大臣をやるべきではなかった。終戦直後の復興期だったらよかったが、日本のためにも彼のためにも、そのほうがよかったろう。角栄には時代の巡り合わせが味方しなかった。

その見きわめをつけずに突っ走って辛酸をなめたが、人間の野望はほどほどにしておいたほうがいいようである。

【権威を崇敬しても、権力に媚びず】

だが学歴のない者、苦学して世に出てきた者は、時に権力の前に卑屈になったり、媚びたりする傾向がある。そのことを角栄は自らへの戒めとして、政界の頂点をめざした。

角栄は若い新米議員の時代から、吉田茂や鳩山一郎、岸信介に対しても堂々と自説を主張してみせた。だが内閣総理大臣として二重橋を渡り、天皇に拝謁したときは、臆することはなかったが、うやうやしく儀礼どおりの作法で振る舞った。

当然のこととはいえ、角栄は、

「庶民宰相なんていわれているけれども、わし自身は皇室とか、王室というものを尊敬している」

と言っている。

日本の総理大臣としてヨーロッパ歴訪の折、バッキンガム宮殿でエリザベス女王に謁見する前日の夜は、さすがにホテルで緊張した表情だった。

しかしバッキンガム宮殿に入ると早速、女王に向かって競馬談議を始めたことは有名になった。

「女王陛下、ぜひ日本にいらしてください。わたくしが東京競馬場をご案内いたします。わたくしは競馬の専門家ではありませんが、九歳のときから馬に乗っていますから」

と言ってから、女王の持ち馬「ゲイタイム」の仔が日本に渡り、二頭のダービー馬を誕生させている事実を語りかけた。すると女王は膝を乗り出してきて、大いに話が盛り上がったそうだ。

彼が九歳のときから馬に乗っていたのは、父親が馬喰をしていたからである。

その後、昭和十四年（一九三九）には兵隊検査で甲種合格となり、満州に渡ると、入営したのは陸軍騎兵第三旅団。騎兵であるから馬と縁があったのだが、政治家になっても馬との縁は続いた。自民党幹事長時代には、オークスを制したベロナの馬主だったし、娘の真紀子の名から取ったマキノホープという持ち馬もいた。

エリザベス女王が田中角栄に向かって、「総理は競馬の専門家ですか」と聞いたのは、東京馬主協会会長をしていたことも披露したせいらしい。

しかし、一国の大統領や総理大臣が国賓として訪れたバッキンガム宮殿で、女王と競馬談議に及んだ者は、それまでいなかったといわれる。

【田中君には教養がないからね】

だが女王とのこんな型破りな一件も、岸信介には余計に無教養な総理大臣と映ってしまった。

「党の総裁や幹事長なら、田中君の右に出る者はいない。しかし一国の総理大臣ともなると、サミットなどで世界の一流人物とつき合うわけだから…。彼には教養がないからね。なにも学校出たとか、出てないとか言っているわけじゃないけど」

という話が『岸信介の回想』に載っている。

たしかに岸には、角栄の出自とその後の経歴に対して優越感を持って見ているが、それを差し引いても実力は高く評価していた。それでも、宰相としては物足りないと言っているわけである。

吉田茂に可愛がられた角栄は、若いときから大磯の吉田邸は木戸御免であった。ある日のこと、邸内の七賢堂を訪ねた角栄が、

「わたしは良寛和尚の逸品をもっているんですよ」

と自慢すると、

「フン、それはニセものだな」

と吉田は鼻先で笑った。

「いや、ホンモノです」

と頑張る角栄。

すると、吉田は、

「同じ良寛の書でも、ボクがもてばホンモノだが、キミがもてばニセものだ」

と声を出して笑った。

後に角栄は、

「吉田の爺さんのあの一言は、アタマにきたなあ」

と早坂に向かって苦笑したという。

皮肉っぽいジョークが好きな吉田は、角栄に教養がないことをからかったのである。


それはともかく、角栄にはエリザベス女王との会見がよほど心に残ったらしい。これは蛇足になるが、越山会に君臨した佐藤昭に向かって「オマエは偉いよなあ、女王だから。オレなんか闇将軍だよ」

と言って苦笑いした。

権威は敬うが、権力には屈せず

【ムッソリーニを睨みつける】

甘粕正彦も、権威は受け入れても権力に屈しない生きざまを貫いた人間であった。獄中にあって、激しく反発心を育んだせいだろう。無実の罪で八年間監獄暮らしを強いられた四百年前のスペインの作家ミゲール・セルバンテスが、国家権力に対して敵愾心をむき出しにした作品『ドン・キホーテ』を着想したのも獄中であった。甘粕の行動様式は、この文学作品の主人公にも通じている。

満州国政府ナンバーツー時代の岸は、司法省出身で岸に仕えていた武藤富雄からこんな話を聞かされていた。

昭和十三年（一九三八）、満州国を承認してくれた答礼に満州国の代表団を引き連れた甘粕がイタリア、ドイツ、内戦中だったスペインのフランコ将軍を訪ねたときには「権力者なにするものぞ」という態度を貫いた。

ローマのヴェネチア宮でムッソリーニと会ったとき、思わぬハプニングがあった。満州国の代表団はヨーロッパで「満州人の満州国」を演出するために団長は形式的に韓雲階だったので、ムッソリーニは韓団長と長い握手を交わしながら通訳を通じて話しかけていた。

副団長の甘粕はつかつかと前に進むと、彼を睨みつけるようにして見上げた。身長一六〇センチに満たない甘粕が、一八三センチのムッソリーニと火花を散らすような、この睨み合いを目の前で見た随員の武藤富雄（満洲国国務院官吏、戦後に明治学院大学院長）によると、甘粕は「満州国は支那人だけのものではないぞ、日本人をなめるな」と言いたげに、無言の抗議をした。

このときムッソリーニは微笑を浮かべると、低い声で「自分は一度友達を作れば、一生変わらない。今度満州国と友達になったからには、一生変わらないつもりだ。国を挙げてイタリアがあなた方を歓迎しているのを見てもらいたい」と、甘粕の機嫌を取ったそうである。

その後、ヒトラーに会ったときもこの態度は変わらなかった。「あんな俳優のように演技たっぷりな男に率いられたドイツの将来は、心配ですね」

と仲間の随員たちに感想を漏らしている。

だが内戦中のスペインでは、激戦のさなかの前線基地からわざわざ訪問団のために駆けつけてくれたフランコをすっかり気に入ってしまった。

【恰幅がよく、せかせかと歩いて機関銃のようにまくし立てる姿は、ナポレオンそっくりです。あれほどの美男子は見たことありませんね】

と感心していた。枢軸国の指導者には並外れたカリスマが不可欠であると同時に、フランコの暗い闇の部分に、惹かれたのかもしれない。

甘粕という男は権力者に向かってへつらうどころか、逆に闘志をむき出しにする癖があった。

だが権威の象徴、ローマ法王に対しては違っていた。ヴァチカン宮殿の謁見室に入り、法王の前で頭を下げると、法王は甘粕たちの頭を一人ひとりなでて、神の祝福を与えた。

それから「子たちよ、遠いところからよく海を渡ってこられた。満州国の発展と隆盛を祈る」という挨拶を贈った。このとき甘粕は神妙に頭を垂れていた。

バチカン宮殿を退出するとき「法王の手は、赤子の手のように柔らかかったね」と言って満足そうな表情をしたという。

第3章

金銭哲学

カネの使い方は三者三様

カネは使い方で、その人間が見えてしまう。岸、甘粕、角栄もそろって大金を動かしたが、その額が半端ではなかった。それでも死にガネは使わない彼らであるから、そのカネがどれだけの効果を生み、人を動かすかには三者三様の哲学が見えてくる。

【カネというものはチマチマ使うより、ここぞというときは一気に使え。その方が、効果は何倍も大きい】

角栄は、たんに大金を大盤振る舞いしたのではなかった。ライバルの派閥を切り崩すとき、数千万円ずつ渡すのではなく、億単位のカネをいっぺんに渡す。だがそのときは、先方の落としどころを見極めるのに鋭い勘を働かせた。

側近はむろんのこと、ライバルであっても、彼らの親や子供が病気だと知ると「親は大事にしろよ」「そうか、それは心配だな。オレは長男を五歳で亡くしているからな」と言って破格の見舞い金を渡した。心理学を勉強したわけでもない角栄だが、相手はこれですっかり参ってしまう。政界にあってはカネが要るタイミングを、人間同士の付き合いの中では相手の〝痛み〟に寄り添うことを心掛けていたからである。

実際、角栄は湯水のようにカネを使った。だが死にガネは使わなかった。第三者から見ると死ガネに見えても、相手から代償を求めているわけではないから、角栄にとってはそれで納得だった。

料亭の下足番のおじいさんにもピン札の一万円札を渡していたのは、心から「ご苦労様、ありがとう」の意味が込められていたからである。

【金は濾過してから使え。汚水も濾過すれば、清水になる】

満州時代から岸信介の金作りの凄さには定評があった。しかもその額たるや半端でなかった。あるとき甘粕が岸の執務室に来て「急に一千万円必要になりました。お願いします」

と理由も告げずに頼むと、

「ああいいでしょう」であっさりと出すことにした。

満州や東南アジアで謀略を仕掛ける「甘粕機関」を動かす甘粕の依頼を、あっさりと承諾したのである。満州国のため、日本のためという大義名分を岸が理解していたからとはいえ、この両者もただ者ではない。なにしろ、今なら百億円の金に相当する額である。

当時の満鉄総裁・松岡洋右は、叔父の日産の総帥・鮎川義介を口説き落して満州に移転させたが、日産を母体にした満業（満州重工業株式会社）の総裁に就任した鮎川も、同じ長州人で遠縁に当たる。岸の肝いりで日本から誘致した会社の数も半端でなく、どのラインを結んでも岸につながるから、金はいくらでも集まる。

甘粕が急に一千万円の用立てを頼んできたときも、岸は涼しい顔で応じたが、こんなことは初めてのことでもなかった。そこで岸の直属の部下たちは、

「岸さんは、なにか錬金術を身に付けているらしい」とささやき合っていた。

岸は戦後、巣鴨から出てきたばかりのときも周囲を驚かせた。自由の身になったとはい

え、公職追放されて無職だったにもかかわらず、伊藤忠兵衛、津島寿一、藤山愛一郎、永野護ら大勢の大物財界人が岸の周りに集まってきた。

必然的に金も集まってきたが、「出所祝い」のご祝儀というより「いずれ世に出る岸信介」への先行投資の意味もあったのだろう。

政治の世界では、力を失った者は見向きもされないのがこの世の習い。そんな非情な運命が待ち受けているはずなのに、岸の場合は相手に期待させずにはおかない人間力が光っていた。

一高、東大の学閥人脈もさることながら、商工省時代は日本の産業行政の舵取りだったから、もともと財界との人脈も広い。

だがクリーンな金ばかりではなかった。彼の満州時代、満州国政府にはアヘンの上がりが国家予算の六分の一もあったが、岸はダミー会社をたくさん作り、すべての金はそこを通過した。その大元締めが甘粕であった。

ダミー会社は濾過装置であり、岸に言わせれば「汚水も濾過すれば、清水になる」という論法である。これは日本の伝統文化である神道の禊の美意識にも通じ、伊勢神宮を流れる五十鈴川を思わせる。

それを濾過せずに使ったのが角栄で、「そつのなさ」と「おっちょこちょい」の違いである。

それでも、力に物を言わせた集金力の良し悪しは別として、角栄の金の使い方にはうなるものがある。

静かに頭を下げてカネを渡す

【人にカネを渡すときは、頭を下げて渡せ。くれてやると思ったら、それは死にガネだ】


数ある角栄語録の中でも、このフレーズは出色の一つ。側近や秘書にいつも言っていたこの言葉には、角栄の金銭哲学、人生観のすべてが凝縮されているからである。

通常、大事な言葉はハートに入るか、頭に入るかだが、彼のひと言を聞いた人間は、その両方で感じてしまう。

しかも、角栄語録は不特定多数の人間に間接的にも伝わっているから、聞いたり知ったりした人は、それだけでもうれしくなったり、勉強させられた気分になる。

カネの作り方より、使い方で人間が分かると昔の商人の世界ではいわれたが、これが角栄の魅力の一つでもあった。

資本主義社会では、どの国でも選挙に金がかかる。しかも角栄は自派の議員の枠を越えた議員を大勢抱えているから、莫大な金が要る。

これには、角栄が言うように「わしは長い間、〝まとめ役〟ばかりやっていた。あっちこっち、つないでまとめる役だな。これには中間派の協力がなければできない話だ。だから船田派、川島派なんかととくに濃いつき合いをしたんだ」

彼らとの付き合いのなかで、選挙資金で協力もした。そんなときでも、「これで頑張ってくれ」という態度は見せず、静かに頭を下げて渡した。これで相手は参ってしまう。

おまけに、角栄は無類の口説き上手で、もめ事の仲裁役ははまり役だった。

だが、政治世界の実態は権力闘争。いわば陣取り合戦だから、ウソを言わなければならい場合もある。

角栄は遠回しにこう言ったことがある。

「三木武吉老が吉田内閣を倒そうとして内閣不信任案を社会党にもちかけ、浅沼稲次郎書記長を口説くときのくだりだ。『君といっしょに内閣をつくりたい。芦田内閣、片山内閣と同じものをつくる。だから協力してくれ』ってね。ところが後で三木老は言ってたそうだ。『ウソも一生懸命に努力して言えば、本当になるんだ』」

角栄には名言と映ったのだ。

カネの話に戻ると、角栄は使い方がうまかった。一見するとバカげていたり、何で？となるところだが、相手の情をかき立てるが角栄の流儀である。選挙で落選した野党議員にも「見舞い金」の名目で渡していたのもその一つ。

だから、金はいくらあっても足りなかった。

「札束がオレの前を流れる」

【角さんの前のベルトコンベアから、莫大なカネが右から左へ消えていった。カネはすべてフロー（流れ）だよ。ストックじゃない】

商工省と満州時代以来、岸に仕えてきた椎名悦三郎がそう言っていた。

たしかに、角栄の金遣いの荒さは普通ではなかった。

前出の料亭の下足番のおじいさんや、キャバレーのダンサーにまで一万円のチップを渡す光景を見た椎名悦三郎が咎めると、

「オレは集まったカネを溜めずに、バラまいているだけ。札束がオレの目の前を流れてるんだ」

と、意に介さなかった。

これは「ご苦労さん」というねぎらいの言葉をカネで表現しているだけであることは明

白である。これが角栄流の気配りであり、椎名に言った「バラまいているだけ」は、照で言っているのだ。

将棋でも歩が大事なように、陰で黙々と働く人への心遣いは、いかにも苦労人の角栄らしい。別の項でも触れるが、官僚のエリートコースを歩んだ岸には欠けている素養だが、刎頸《ふんけい》の友・甘粕正彦は本務外の仕事に駆り出された人への手当の支給にこだわった。

細かいところまで気遣う心

【会場係に駆り出された職員に、時間外労働させましたね。きちんと手当てを払っておいてください】

文化志向の高い甘粕が、革命を逃れて亡命してきたハルピン交響楽団を新京（現長春）に呼んだ折、甘粕は、前出の武藤富雄に向かって、

「会場係に駆り出された職員に、時間外労働させましたね。きちんと手当てを払っておい

てください」

　と念を押した。

「岸さんもそうですが、私たちのような役人は、人を使っておいて平気なところがある。とくに縁の下の力持ちになっている人たちに対して心配りが欠けていますが、その点、あの人は苦労人でしたね。甘粕さんから言われたあの一言は、その後の人生で、非常にためになりました」

　後に甘粕の回顧談になると、武藤はよくこのエピソードを語っている。

　あるとき記者の一人が前出の武藤富雄に、

「甘粕さんとはどんな人ですか」

　と聞くと、

「あの人は全体の調和を大事にする人です。情でモノを考える。だから人情の機微に通じていて、細かいところまでじつに気を配ります」

　と答えている。

　時間外労働、ブラック企業が社会問題になっているが、今日的問題ではなかったのだ。

現在、「上司にしたい人選び」のコンテストがあれば、甘粕は差し当たってナンバーワンだろう。

敵を減らすことに意味がある

一方、角栄のカネをテコにした気配りは政界にも及ぶ。

四十四歳で就任した大蔵大臣時代から将来の総理大臣の椅子に狙いを定めていた角栄は、周囲からは必死に味方を増やそうとしているよう見えた。しかし、角栄は言う。

「いや違う。敵を減らすことに意味があるんだ」

そこに角栄独特の、人生学の極意がある。

このことは、彼が言う「世のなか、敵と味方ばかりではない。その間にある中間地帯、グレーゾーンがいちばん広い。真理は常に中間にあり」は、政治の力学上では、そのとおりだが、日本人がよく口にする「分からない」にも通じている。つまり、AともBとも分けられないという中間の世界があるという、仏教の教義がそれである。

「中間の世界」とどう取り組むかは、角栄には現実の問題だった。佐藤栄作の後の天下取りは角福戦争といわれたが、佐藤派の実力者は福田赳夫と角栄。数からいえば親分の佐藤をはじめ、福田支持のほうが多かったが、中間派を嗅ぎつけた角栄は猛然と切り崩しにかかり、結局、総理の座を射止めてしまった。

このとき、福田は「天の声には変な声もたまにはある」と言って悔しがった。

だがいやしくも国会議員たるもの、角栄からカネをもらったくらいでは動かない。角栄の政治理念に共鳴し、その魅力に金縛りになったのだ。

しかも彼らは、官僚による国家統治に飽きていた世間の空気を、敏感に読み取っていたからでもある。

角栄自身はといえば「無理して引き入れた味方は、世のなかの風向きが変われば、すぐに逃げ出していく。だから無理はしない」

と言っていた。

政界という海千山千の人間集団を最もよく知っていた政治家は、角栄である。しかも彼には、先頭になって国会運営の修羅場をくぐり抜けてきた実績という強みもあった。

「この世に絶対的な価値などはない。ものはすべて比較だ。外国人は物事を白か黒かと割り切ろうとするが、娑婆はそれほど単純じゃない。黒と白との間に灰色がある。どっちともいえない。真理は中間にある」

と角栄は言う。

角栄と甘粕、金銭感覚の共通点

【札束の厚さは誠意の証しです。相手の目をしっかり見つめ、「頼みますよ」と言って手を握り、頭を下げるのです。そうすれば得体のしれない日本人の満州浪人でも支那人でも、裏切ることはありません】

この甘粕の言葉は意味深いが、甘粕正彦は政治家ではないから、選挙資金ではなく、関東軍の裏にいて「甘粕機関」といわれる謀略機関を動かしていたから、こちらも莫大な金が要る。

角栄と甘粕の処世術、人心掌握術にはいくつも共通点があるが、両者の数字へのこだわりは札束感覚にも通じていた。周囲に人心掌握術を語るとき出たのが、このフレーズであった。

甘粕の場合は、部下たちは信頼の置ける者ばかりではなく、海千山千の満州浪人、馬賊や敵の工作員まで取り込むための操縦法であった。実際、相手は甘粕の妖気に当てられて金縛りにあってしまったというから、不思議な人物である。

だが甘粕も角栄同様、必ずしも相手を味方につけるために金を使うわけではなかった。関東軍や在留日本人、満州国に敵対する勢力をなだめ、敵を減らすことにも腐心していたのだ。

しかし彼らと同じ目線に立つ甘粕の「オレもオマエさんとおなじ人間なのだ」が相手に伝わり、しっかり心をつかんでしまうのである。

それが顕著に現れたのは、白系ロシア人や馬賊、満州人などを日常的にスパイとして使用する場合だった。関東軍が欲しいのは国境の向こうにいる赤軍の動き。

「彼らの穀物市場の価格変動」「○個連隊○○名が○○へ移動した」「新装なった彼らの武

器の性能」など新しい情報はいくらでも欲しい。

こちらの戦略や装備に影響を与えるような、このような高度な情報であろうと、些細な情報であろうと、得体の知れない工作員に渡す金額はいつも一定の額にしていた。

高度な情報提供に大金を渡してしまうと、彼らは作り話で大金を得ようとするからである。

その代わり、彼らの親が病気であるとか、子供が生まれるといった場合にはポンと大金を渡す。受け取ったほうは「甘粕は、情のある男だ」となり、「同じ人間同士である」ことを彼らに知らしめることになるからである。

第4章

人情の機微に通じた男

——庶民への目線と気配り——

情で人を動かす

人情の機微に通じた男といえば、甘粕正彦と田中角栄だろう。甘粕は一見するととっつき難いが、庶民感覚はしっかり持っていたし、弱者に対しての目線は優しかった。満州国の首都・新京には、満人の孤児がたくさんいた。地方から流れてきたり、親から置き去りにされた子供たちである。後で触れる孤児院建設の計画も甘粕の人間性を表している。

そこでここでは、情で人を動かした田中角栄から見ていくことにする。

【結婚式は招待された者しか行けないが、葬式はだれでも行ける。そのときはだれよりも先に駆けつけて、悲しんでいる遺族に寄り添ってやるんだ】

角栄は甘粕のような異界を突破してきた苦労人ではない。貧困からの脱出のために底辺を見てきただけあって、あの気配りを真似できる者はいなかった。

角栄がいつも言っていた先のフレーズは、

「人の喜び事はとくに励ましてやる必要はない、本人が幸せなんだから。そうじゃなくて、むしろ苦境、悲しみのさなかにあるとき、力になってやるべきじゃないか」

という発言と同じである。

自民党の石破茂にはこんな思い出がある。石破の父・二朗は建設官僚で、角栄とは親しい仲ではあった。だが、

「父が亡くなったとき、田中先生が真っ先に駆けつけてくれて、葬儀委員長も引き受けてくれたんです。当時、わたしはまだ一介の銀行員（三井銀行）でしたが、そばにずっといてくれまして」

それがきっかけになって、石破は角栄を第二の父のように敬愛し、まもなく政治家をめざして師と仰ぐようになった。

葬儀の式場で角栄の情に惚れ込んだ人間はほかにも枚挙にいとまがない。

悲しみを共有できる心

葬式が済めば、一週間もたつと花も枯れる。そのときは秘書に命じて「いちばん遺族が悲しい時だ」と言って、新しい花を届けさせた。

角栄は、人が悲しいとき、悲しみを共有することのできる人間。これは相手が政敵であっても同様であった。

社会党委員長を務めた河上丈太郎とは激しくやり合い、互いに天敵のような仲だった。常人なら「そうか、あいつとうとう逝ったか。祝い酒でも飲むか」となる場合も少なくない。

だが角栄は違っていた。河上の葬儀のとき、雨の中を傘も差さず、涙を流しながら合掌して棺を見送る姿を見て、周りの社会党議員たちはみんな参ってしまったものだった。

政策や思想の違いのような「理」と、「好き嫌い」の「情」は本来別もの。だが角栄の場合は「理」も「情」も超えたところにある「人間を愛する心」の持ち主だったことである。

人の痛みを分かる精神性

無実の罪で獄中生活を送った甘粕の場合もまた、人間の醜さ、すがすがしさ、優しさをどん底の世界でも見てきた。このような人間には人の痛みがイヤというほど分かる。

だが、これは国同士の関係が絡んだ話。

昭和十二年十二月十三日夕刻、南京陥落の報に、日本国内では提灯行列が続いた。「蔣介石軍の首都が陥落した。これで戦争がやっと終わった」という、安堵感もあったのだろう。

そして同じその日、満州の首都新京（現長春）ではこんなことが起きていた。メイン・ストリートにある大同広場には中国人、満州人、日本人が日の丸の小旗を手にして続々と集まり出したのだ。このころは、中国各地から産業立国に様変わりした満州に仕事を求めて漢民族が大勢居住していたのである。

やがて彼らの「万歳三唱」が、広場に近い満州協和会まで聞こえてくると、甘粕は激怒した。

「自分たちの祖国支那の古都南京が日本軍に陥落させられて、喜ぶはずはありません。こんな悲しい国の葬式どきに無理やり引っ張り出して、しかもこの寒空に、万歳させるとは何事ですか」

関東軍のだれかがやらせたこの行事。苦労人の甘粕には、人の痛みが分る。彼らから目を逸らすと、甘粕は唇をかんで、そっと窓辺を離れたという。

庶民の目線に合わせる力

天皇や国王、法王のような権威には頭を垂れても、権力には屈しない角栄と岸、甘粕だが、なかでも角栄の持ち味の根源は、じつは庶民たちに向けられた目線の低さにあった。

角栄の政務秘書官早坂茂三が言っていた。

「オヤジは地方遊説に出ると、きまってシワくちゃで、目もくしゃくしゃしたお婆さんの傍に行って話しかけるですよ。『ばあちゃん！　父ちゃんはまだ抱いてくれっか？』」

これで、当のおばあさんは照れてさらに顔をくしゃくしゃにするし、周囲もドッと笑いこける。エリート街道まっしぐらの岸や甘粕にはできない芸当である。

これは計算された政治家の行動様式ととられかねないが、ユーモアたっぷりの語り口で、庶民の目線に立つことを心がけていたからである。毒蝮三太夫が得意とする「このババア！」ではないが、角栄のそれには人間に対する愛情があふれていた。

【みなさん。福祉福祉といいますがね、財源確保がなけりゃ、できない話なんですよ】

角栄が列島改造論を口にするとき、必ず出てきたのが「福祉の財源確保」であった。

そこで角栄がリーダーとなって作ったのがガソリン税法。これは「利用者に応分負担してもらう」が骨子になっているが、社会福祉だけでなく、道路財源の確保にもつながった。

しかし事は言葉でいうほどすんなり決まったわけではなかった。角栄が主導した「道路整備費の財政等に関する臨時措置法」は、目的税という手法と政府の予算編成権が対立することを根拠に、大蔵省内から異論がでたのである。

そこで角栄の頭脳は冴えわたる。

「君らはね、東大法学部的思考から抜け出せないからだめなんだ。いいか、ガソリン税をまず一般会計に組み入れてだね、ガソリン税相当額を道路整備費として計上するように法律で規定する。

これならだね、ガソリン税として徴収されたものが、即ちに道路整備費というわけではなく、目的税ともいえない。この法律を臨時措置法としたのは税法上の特例にするためであって、前例化することはない。これでどうだ」

道路整備が急がれる社会事情が角栄の頭を支配していたことも、この発想につながったとみられる。

一見すると奇想天外に見えるが、国庫にいったん入れてから、改めて同額を請求するという手法は、現行の法秩序や既得権に縛られた高級官僚を、ギャフンといわせるに十分だった。

田中角栄は議員在職中、三十三の議員立法を実現させたが、これは一本も法案作りしないまま消えていく議員が多いなかで特筆に値する。それだけ勉強家だったことでもある。

道路のほかに住宅事情に目をつけた角栄は、マイホームを建てたい家庭には、低利の公的資金で不足分を補えるように「住宅金融公庫法」、手持ちの資金を持たない者には県営住宅、市営住宅などを念頭に置いた「公営住宅法」を実現させている。角栄はこの頃、

「土建屋でも国会議員になれば立法権を行使できる世の中になったということだよ」

と語っている。

だが角栄は、自身が言うように国会議員時代は議員立法の成立に熱心で、自ら立ち上げた数は先にも触れたように三十三を数える。

満州時代の岸も現地人からは〝法匪〟と呼ばれるほど法案を作るのに熱心だった。だが満州にはそもそも国会も法律もなく、まったく無からのスタートだった。

男にとって天下を取ることと法案を作ることは、最高のロマンであるらしい。

「メシを食う」角栄の流儀

【オマエ　もう飯食ったか？】

見知らぬ記者や訪問者が自邸や事務所に来ても、田中の挨拶代わりは「オマエ、もう飯食ったか？」であった。

「常在戦場」は長く長岡藩に伝わる武士の心構え。山本五十六が揮毫《きごう》を頼まれると、よく認めたことでも知られるが、田中は「メシどきはしっかりメシを食え。腹が減っては戦はできないからな」と日頃から言っていた。

「メシを食う」には幾つかの田中の流儀と意味がある。田中が蕎麦を食っている最中、若手の官吏が打ち合わせのために訪ねてきた。相手がまだ食事が済んでないと知ると、奥に連絡して蕎麦を取らせ、自分は食べかけの箸を置いたまま相手の差し出す書類に目を通してテキパキと指示をだした。

それが済むとちょうど追加の蕎麦が来たので、「よし、一緒に食おう」となって、再び食べ始める。

こんな気配りをされると、相手もすっかり田中の虜になってしまう。

この「メシ食ったか」は、日本の貧困社会では別の意味も持つ。三度のメシにありつくことがその日の重大事で、ことに雪国の田中は骨に染みているから、生活の柱なのだ。

仁徳天皇が難波高津宮から遠くを見て、

「民の竈から煙が立ち上らないのは、貧しくて炊くものがないのではないか。都がこうだから、地方はなお酷いことであろう」と案じた故事にも通じる。

これは政治家・田中角栄から見れば、「国民生活は安定しているのか」という意味にもなる。

角栄の「メシ食ったか」は、現代では「貧困」「空腹」とは無縁の人が多いが、人間にとって最大級の大事を言われた相手は、最大級の愛情を向けられたように感じてしまう。

角栄一流の人間掌握術がここにもあった。

社会福祉に力を入れた岸

【国民皆保険、国民年金法の制定は民の声だよ】

日米安保改定で悪評を買った岸信介だったが、実は社会福祉にも熱心だった。自民党内でも保守派の主柱、産業経済のリーダーというイメージがついて回る岸であるから、これは意外と思われがちだが、弱者に優しい側面は若いときから身に付いていた。

もともと岸は第一次世界大戦直後のドイツのような、社会主義的国家がめざす計画経済の信奉者であるから、社会福祉、年金制度は産業開発、統制経済のもう一つの柱だったのだ。

そして、遺族年金、最低賃金法の制定の完結編として、国民年金法、国民皆保険につながった。ただ角栄と違って、岸は「ばあちゃん、病院には行けるか?」「メシ食ったか?」などと、国民に語りかけることはしなかった。角栄と岸の違いは国民との物理的な距離感である。

満州に一身を捧げた甘粕正彦も、満州人たちが挨拶代わりにする「チー・ファンラマ？」（もうメシは食ったか）は、お互いの無事を確認し合う習慣に由来することをよく知っていた。

例の事件で三年間の獄中生活を送ったが、「臭いメシ」に代表されるように、食事のまずさに閉口したことを獄中記に克明に記していた。

出所したら社会福祉の仕事をしたいと言っていたし、満州時代も孤児や貧しい人たちに心を痛めていた。

三度のメシの供給と温かい家の確保に、具体的なプランを立てていたほどだった。

満映理事長になっていなかったら、以前から計画していた「住宅難を解消するために資金を集めて、何万戸もの家を建てる」つもりだった。自ら満州房産会社社長になって、辣腕を振るう青写真はできていたのである。

食べ物にも三人の持ち味

【お椀の底が見える料亭のオスマシなんてだめだ。味噌がコッテリと入った味噌汁や、油味噌がいいねえ】

ここで食べ物にまつわる三話。

人が毎日三度食べる食事にも、それぞれに人間の持ち味があるようだ。

角栄は何でも一流好みの岸、甘粕と違って、高級料亭の料理よりも、地味な家庭料理を好んだ。

そこで彼のセリフになったのが先の発言で、これは郷里の「おふくろの味」である。なかでも新潟名産では「鯉こくがうまいねえ」とご満悦だった。

雪国の人間であるから、何でも濃い味を好んだ。刺身でもお新香でも、醤油をじゃぶじゃぶかけないと気が済まない。最後は脳梗塞で倒れたが、多分に塩分の取り過ぎも原因していたらしい。

「権力者の食卓には、その人の人生観、ものの考え方が反映されている」と言った人がいるが、角栄宅の食卓や好みの食事が物語っている。

自身の原点を忘れず、飾らぬ食事を愛したことも「庶民宰相」という評価につながった。庶民の食べ物を好んだ彼は、来客の接待に際しても自分の流儀を通した。ちなみに、目白の田中邸で年始客に振る舞われるのはブリと大根の煮付け、稲荷ずしが定番だった。

こんな話を聞けば、田中が目白御殿に住んでいようとも、人は自分との距離感のない庶民性に親しみを感じてしまう。

【マグロは巣鴨にかぎる】

だが、岸のほうはなかなかの美食家だった。商工省の若き官吏時代も、仕事が終われば円タクや人力車で築地の料亭通いをしていたが、フグとマグロの刺身を好んだ。

満洲国の高級官吏時代は、日本から進出した新京の「曙」や「八千代」の常連で、芸者の小唄と逸品の料理を肴に、甘粕たちと酒を酌み交わしていた。

そんな岸でも、仕上げのお茶漬けの具にはこだわった。郷里・山口県田布施の生家は造り酒屋だったから、自家製の酒粕に漬けた瓜や大根の味は生涯忘れられなかったらしく、「料亭のお茶漬けなんか、とうてい及ばなかった」と言っている。

岸が好んだフグは、冷たい玄界灘の栄養塩でもまれ、下関に水揚げされる虎フグ。戦犯容疑で三年三ヵ月間巣鴨に収監されているときは、「出たらフグを商う会社を興そうと考えていた」というから、生半可な話ではない。実際、下関のフグ屋春帆楼・東京店を自分名義で登記してあったという。

マグロは、年に数回、巣鴨の監獄で食べる機会があった。それでも「いつも二切れだけだったが、じつに美味かった。だからここを出たら、腹いっぱい食ってみたかった」と告白する。

事実、釈放された日に弟・佐藤栄作の官房長官官邸で山盛りのマグロの刺身を出されたが、

「これが一向にうまくないんだな。それでオレは言ったんだ。マグロは巣鴨にかぎるって」

獄中生活を笑いで取る、ユーモアのセンスもなかなかのものである。「義兄は一高生のときから、帰省するといつも私たちを笑わせていた。それもたいていは即興の作り話だと、後から気が付く類であった」と、従妹で佐藤栄作の妻になる寛子が回想録に書いている。

【甘粕の中華料理は本格的だったよ】

美食家といえば、フランス仕込みの甘粕である。

千葉刑務所で臭いメシを食わされた恨みなのか、なんでも一流好みだった。

二年間いたパリでは、大杉事件の鬱憤を晴らすように、毎晩、一流レストランで高級ワインと料理に舌鼓を打っていた。おまけにホテルも一流好みだから、高くついた。そこで東京の陸軍省に「もっとカネ送れ」の催促を電信で送りつけていた。

満州時代も一流好みは変わらなかったが、自ら本格的な中華料理の腕を振るうこともあった。岸は「ときどき呼ばれて振る舞われたが、じつに美味かった」と言っている。

金に糸目をつけないのが甘粕流だったが、目白御殿の田中、南平台に私邸をもった岸と違い、甘粕は生涯にわたって自分の家など持たなかった。好きな釣りのために買ったモーターボートだけが彼の資産だったといわれる。

満州の闇の世界を仕切る男

【満州の〝男が惚れる男〟】

晩年の田中は闇将軍といわれたが、甘粕正彦の場合は、満州の不気味な闇の世界を仕切る風雲児、時にはテロリストといわれた。

両者の闇の質はもちろん異なるが、満州国の政治に関与する甘粕には、はじめのうちは「人殺しの鬼憲兵なんかとかかわりたくない」と距離を置いていた。

当時の満州国政府の官吏といえば、霞ヶ関の選りすぐりの人材が集まっていた。いずれも十年後には各省の局長クラスとなる若い有能な者ばかりが、満州国が建国された昭和七年（一九三二）以後、新京（現長春）に続々と送り込まれていたのである。

そんな人間社会で、異端児・甘粕は彼らとの距離を急速に縮めていく。実際、彼らが「甘粕さんという人はたいしたもんだ」となるまで、時間はかからなかった。

「元鬼憲兵」という前歴で損をしていたともいえるが、実は至って子供好きだった。

知人の家を訪ねるときは子供への手土産は忘れなかったし、満州人の孤児などを見かけるとひどく心を痛めていた。

【人は地位があるときは協力してくれますが、なくなったら見向きもしてくれません。やるなら今です】

甘粕が満映（株式会社満洲映画協会）理事長時代、それ以前に務めた、満州国の宣伝機関である満洲協和会総務部長時代、側近として仕えた武藤富雄は東京の司法省から満洲国に送り込まれてきたエリートで、法律の専門家であった。その武藤が雑談の折に「なんとかして孤児院を建てたいですね」と言うと、甘粕は真剣な表情で「わたしも協力しますから、ぜひおやりなさい。自分に地位のあるうちしか、まわりは動いてくれませんから、やるなら今のうちです」と督促した。

この案は、終戦が迫っていて実現しなかったが、甘粕の弱者への目線は低かった。病人を抱えた満映社員が生活に困窮しているのを知ると、身銭を切って援助したが、部下を通じて金の出所が分からないように相手に渡したという。


満州協和会総務部長時代にも、周囲と接するときは東京の中央官庁出身の役人などとは違って、自分の椅子でモノを言う癖など皆無だった。しかも、「これは、〇〇ですから、こうなさい」という指示が即妙で、常に的確だった。頭脳はシャープで、かつ人情の機微に通じていたから、周りの人間には、魅力的な人物に見えたのである。

この話は繰り返しになるが、戦後、武藤富雄が甘粕の思い出を語るとき必ず出てきたエピソードがある。昭和十三年秋のことだったが、ハルピン交響楽団を新京に呼んだ折、甘粕は協和会宣伝部の仕事を兼任していた武藤に向かって、

「会場係に駆り出された職員に、時間外労働させましたね。きちんと手当てを払っておいてください」と念を押したそうである。

「岸信介さん、星野直樹さん、古海忠之さんにもいえることですが、わたしたちのような役人は、部下を使っておいて平気なところがある。とくに目立たない所で、縁の下の力持ちになっている人たちに対して心配りが欠けていますが、その点、あの人は苦労人でしたね。甘粕さんから言われたあの一言は、その後の人生で、ためになりました」

大蔵省の偉材といわれた古海忠之も、初対面の頃は「こんな人殺しとかかわりたくない」と距離を置いていた。しかし身近に接しているうちに、自分の見方が間違っていたことに気がついた。

「あの人の行動は、いつも私利私欲と無縁なんですよ。それでいて、ヤクザや得体のしれない右翼のゴロなどを押さえつけてしまう凄味もあったり、いくつかの異なる顔がひとつの個に集約されていたと言っていい。まことに変わった人物で、わたしはすっかり虜になり、一言でいえば、〝男が惚れる男〟です」

世間の評判などはあてにならない。岸は他人に甘粕を説明するとき、「人は来たりてみよというじゃないか」というフレーズをよく使ったが、この男のためにあるようなフレーズだろう。

第5章

政治哲学

三人のそれぞれの理想

そもそも政治家がめざすのは、どんな国家を創りたいのかの青写真が根底にある。岸信介は子供の頃からソ連の巻き返しを極度に警戒する、郷土の精神風土を背負って世に出てきた。そして戦後は、占領下の日本を、いかにして米国と対等の関係を結び、米国を利用しながら、共産圏と対峙するかに腐心した。

角栄の場合は、民のハートをつかむ人心掌握術をフルに動員して地方を創生し、経済を基盤にした国家のダイナミズムをめざした政治家であった。

一方、甘粕は政治家ではないが、行動の美学と全体の調和に重点を置いた。これはまだ彼が憲兵時代の話だが、野田醤油の労働争議に仲介役を頼まれたとき、料亭に経営者側と労働者側の代表を呼んで、双方のやり取りを三日三晩かけて聞き入った。

そのうち双方はどちらかともなく「これ以上、憲兵さんの手を煩わせるわけにはいかなかっぺ」となり、甘粕が「では互いにもう一歩ずつ歩み寄ってはどうかね」で、めでたく解決した。

薩長同盟を成立させた坂本龍馬のことが甘粕の頭をかすめたわけでもないだろうが、争いの解決には「キーパースン」を見つけて「双方の利害」を一致させ、「お互いの体面」を保つことの三カ条を、身をもって体験することになった。それ以後も、甘粕は、人間の行動の美学に殊のほかこだわりを見せた男であった。

いずれにしても、三者三様の挫折感をバネに世に出ると、それぞれの理想に向かって邁進した男たちである。

「選挙は戦だ」

【戸別訪問を五万軒、辻説法を三万回やってから、オレのところに来い】【選挙期間中、料理屋で飯を食っているようなヤツは落選する】

選挙の神様といわれた角栄の、政治家を志す若い議員候補に向けた激励の言葉だが、そう言われた若手候補のなかに小沢一郎、羽田孜らがいた。

実際、移動中の角栄の食事の定番は、海苔で巻いたオニギリ三個に野菜の味噌漬けだった。

「選挙は戦だからな。戦のさなかの昼飯は、昔から握り飯ときまってるんだ。

それを料理屋などに上り込んで、刺身だ、トンカツだと注文して、一時間もかけて取り巻きと食っているようなヤツは、当選するわけがない」


さらに「戸別訪問もなく、手も握ったこともない有権者が投票してくれるわけがないんだよ。それも、一回の戸別訪問と握手をしたくらいでは、人は投票してくれない。二回、三回と繰り返さなければだめだ。

そうしているうちに雑談のなかで、お宅の奥さんと、どこどこの奥さんは従妹だったのかとなったりする。そうなれば、連帯の輪のなかに入ることができて、じゃあ、この地方の道路をよくしてくれ、頼みますよ、となるんだ」

このことは、角栄がよく口にした「戸別訪問とは、今度立候補した○○です。よろしく、と伝えて帰ってくることではない。選挙民が何にいちばん困っているかを聞きだしてくることだ」

と同列の語録になる。

そして角栄の殺し文句はこうだった。

「今回は田中角栄に一票をお貸しください。わたしは義理がたい男ですから、ただで貸してくれとは言わない。かならず一〇倍、二〇倍にしてお返ししますよ」

「選挙は流した汗と振り絞った知恵の数だけ結果が出る。自分でやるしかない。その覚悟がなければ、政治の仕事は務まらない」

とも言っているが、どれも角栄の人生哲学がぎっしり詰まっている。

選挙の神様といわれた角栄の真骨頂だが、同じ政治家でも官僚から総理大臣になった岸信介も吉田茂も、違っていた。

彼らは選挙民に向かって高いところから手を振るだけで、自ら歩み寄って握手したり頭を下げることは好まなかった。彼らに国民的人気がなかったことと無縁ではあるまい。

天才的ともいえる選挙術

若き日の鳩山邦夫は、角栄から「選挙戦ではどんなに頭を下げても、一円もかからない。だから頭は深く下げろ」「支援者には〝お父さんは元気か？〟って聞け。オヤジのことまで心配してくれたのか、と感激するんだよ」と教えられている。角栄の天才的ともいえる人心掌握術の原点である。

鳩山は「地元神社の裏の階段が何段なのか言えなきゃダメだ！」と角栄から言われたこともある。

地元のことは人が知らない隅々まで知っておけという意味だが、名家の御曹司の看板だけでは、長く政界で生きてはいけないぞという忠告でもある。

政治家志望の若手には、

「偉くなるには大将のふところに入ることだよ。大将は権力そのものだ。だから、そのふところに入れば、あらゆる動きがすべて見える。それがわかればムダな手間がはぶかれ、ボタンのかけ違いもなくなる」
駆け出しの頃、まず吉田茂に仕え、力をつけてからは佐藤栄作の派閥に入って驥足《きそく》を伸ばした角栄自身の体験でもある。

角栄は政界に打って出たときから、厳しい世界であることは身に染みていた。親の選挙基盤、名声を受け継いだ二世、三世議員、華麗なキャリアを築いて官界から政界に転じた人間たちと違い、角栄には何のバックグラウンドもなく、下から這い上がってきた人間である。

自転車の荷台に「若き血の叫び」と書いた幟旗《のぼり》を立て、路地を回り、辻説法を繰り返した苦難の時代があったことは地元民がよく知っていた。

角栄がめざした政治の原点は「虐げられ、見捨てられてきた豪雪地帯」と、「焼け跡の東京」であり、それは自身が身をもって体現した事実にほかならない。特に後者の、焼け跡の東京に立って呆然自失した民を見たとき、「これは何とかしなくては」という焦燥の念と同時に、エリートもクソもない、みんな同じスタート地点に立つことができたという安らぎを覚えたという。

そもそも終戦直後、目の前に広がる惨状は日本のエリートどもがしでかした結果なのだ。その怒りの矛先はまた、負を正に変えるエネルギー、人間力の出発点となったのである。

ある日の夕刻、角栄は新橋のガード下の片隅に出現した、屋台に毛の生えたような小料理屋の暖簾をくぐる。そこでカストリをあおりながら、「ヨシッ」と呟いたが、「若き血の叫び」はここから生まれた。

その後、押しも押されもせぬ大物になってから強調していたのは、次のフレーズだった。

コンピュータ付きブルドーザーと言われた所以

【政治家は政策を実行しなければ、存在価値はゼロだ。実績、仕事に対する信頼と期待がなければ、有権者は投票してくれない。自分の実績、今後の目算も、すべて数字で言えるようにしておけ。数字と事実は揺るがない。根拠に乏しい屁理屈はすぐに化けの皮がはが

れる】

岸はしばしば「田中君のあの決断力と実行力はたいしたもんだ」と舌を巻いていたが、決断は政策の中身であり、それを実現できるかにかかっている。だが角栄には、コンピューター付きブルドーザーといわれた怒濤のような突進力、実行力があった。

選挙民がその人間に投票しようとするのは、結局は政治家の実績なのであり、「この男ならやるに違いない」という期待感である。

数ある角栄語録や彼のエピソードのなかでも、実利主義に徹した数字へのこだわりは際立っている。実際、角栄と岸、甘粕に共通するのは頭の回転の速さ、と計数の明るさであるが、さらに角栄には「エネルギッシュな語り口」が加わる。

「これからの日本経済、産業構造をどうするかだ。第一次産業の比率は、今の統計数字では一〇パーセントだが、六パーセントまで下がるとわしは見ている。一次産業人口として登録されている農家のなかには、兼業農家が多くて、その家族たちは農業の収入よりも兼業収入の方が多いから、実質八パーセントだろう」

大蔵官僚をうならせた背景の一つは、角栄の数字の確かさであった。

大蔵省の官吏たちを相手に、国家予算を細かい数字でパッと衝《つ》いたり、即答してみせたのには、プロの彼らも感嘆し、角栄の記憶力の良さには秀才官僚も真っ青だった。

これは角栄が大蔵大臣に就任する二年前、昭和三十五年（一九六〇）の年の暮れ、予算編成が大詰めを迎えていたときでのことである。このとき角栄は「水資源開発促進法」と「水資源開発公団法」の議員立法について、例の早口で説明していた。当然そこには関係議員、大蔵省、建設省、農林省など関係省庁の官僚も集まっていた。

「治山、治水の物差しだけで計ってはだめだ。水は貴重な資源なんだから、十年後、十五年後、工業用水、農業用水、生活用水がどれだけ必要になるか。その見通しを立てて、水資源を開発して、有効に活用する方法、仕組みを考えて、早く決めることだ」

と言ってから、メモも見ずに数字をポンポン挙げて説明した。

その背景にあるのは、「水は作るモノ」の思考であり、山地に降った雨が地面に吸い込まれて伏流水となり、せせらぎが集合して川となって流れ下る。それが平野部の生活用水、都市部の工業用水となって産業を起動させる。

なかでも雪国の山奥に積もった雪は貯金と同じで、徐々に溶け、春から夏にかけて地層の底から湧き出す、水晶のような清水。「水道の蛇口をひねると森が出てくる」と表現した人がいたが、森林と水は切っても切れない関係にある。

当たり前といえばそれまでだが、中央官庁の役人が卓上で考えた理論と違い、郷土の山河の原風景を体感している角栄は、ふもとの郷里の土の冷たさ、その底にある温もり、人を包み込む心地よい匂いまで知っていた。

角栄は若者に揮毫《きごう》を頼まれると、しばしば「末ついに海となる山水も、しばし木の葉の下をくぐる也」としたためた。「いまはたとえ陽の目をみなくても、いずれは大成する機会は必ずくる」という人生の応援歌。自身の歩んできた道のりそのものでもあるが、郷土の山河への敬意が背景にある。

角栄の「水」への思い入れは尋常ではなかった。したがって「治水」がテーマのとき、関係省庁の役人に開陳した数値は、地理・地形を精査したうえでの、自然の仕組み、国土のメカニズムから想起しているのだ。そこに数字となって理論づけがされているところが役人と違っていた。

角栄は「田んぼに入ったこともない人間が、米価や生産性を論じても、的外ればっかりだ」とも言っている。現場を重視する彼の視点は、大衆に寄り添う姿勢から出ているのだ。

壁を作らず、人の心をつかむ

【分かったようなことを言うな。気の利いたことを言うな。一人ひとりの目をしっかり見つめて、自らの信念を大声で話すんだ。そうすれば、はじめて人が聞く耳を持ってくれる】

角栄の演説の特徴は聴衆との間に壁がないことである。相手を説得するのではなく、ましてや「御高説拝聴」させるものでもなく、同じ目線に立っているのだ。

つまり、自分の物差しで物を言うのではなく、誰かの借り物でもない、すべてオリジナルの言葉で相手の思考に合わせる癖ができていたということでもある。

「自分の物差しばかりでものを云っちゃいかんということだ。世のなかには、人のために働かないで、文句ばかり言う横着な人間が少なくない。こういうのはダメだ。使いものにならない」

こうした語録は、子供の頃に、故郷で目にした地主階級への反発、東京でもまれていた苦学の時代、汗を流した土建屋時代に見た特権階級の人間たちの姿、戦後に政界と官界で出会った、自分の椅子で物を言う人間たちへの反発から生まれたものでもある。

「エリート意識、階級意識の強いやつのところに、人は集まってこないんだよ」

「わしが大切にしているのは、何よりも人との接し方だ。戦術や戦略じゃない。会って話をしていて安心感があるとか、自分のためになるとか、そういうことが人と人とを結びつける」

は、角栄ならではの本音だろう。

時には浪花節調、時には漫談調で国政や地方再生論と人生論を語りかけた角栄である。

これは岸や甘粕のようなエリートにはない、自前の話術の強みでもある。もともと庶民の出であるから、聞いているほうは自分たちの仲間という同属意識を持った視線で見ていた。

話しぶりはダミ声で早口で直線的であるが、朗るくユーモアたっぷりで味わい深いから、つい引き込まれてしまう。

そこでエリート意識をチラつかせたり、過去の業績を強調しすぎると、仲間意識が薄れるだけでなく、反発を買うことになる。

角栄は役人、国会議員のような人間集団の前でもそれに合わせた言い方をするから、相手はすっかり魅了されてしまった。

歌舞伎でいえば、大向こうをうならせるから、劇場の雰囲気は最高度に盛り上がる。けだし角栄は、千両役者である。

【本当の雄弁は、相手の心をとらえる。聞く人が、『今日は良かったな』という話をする。

それが本当の雄弁というものだ】

実利主義、リアリズムを地でいく角栄であるから、抽象的な言い方や回りくどい言い方、うわべを飾った表現を嫌い、「むずかしい言葉より、自分の言葉で話せ。借り物の言葉なんぞ、選挙民は一発で見抜く」と国政選挙の立候補者や側近たちにも訓示していた。

日本の知識人の特性として、分かりやすい平易な言い方は重みが欠けるとして避ける傾向がある。だが、角栄はこれを嫌った。

作り物の言葉には真実などありようがなく、聞き手にも伝わらない。しかも理屈、理で固めると、人はついてこないばかりか、心を閉ざしてしまうと言いたいのだ。

彼の著書『日本列島改造論』はベストセラーになった。だが硬いイメージはぬぐえない。あとになって「『列島改造論』などと気負わずに、『日本を極楽にする方法』とでもすれば、国民にもっと率直にうけてもらえたな」

と周囲に漏らしている。

地元に帰ったときは理想の国家論などは抑えて、身近な話題で選挙民に接した。戸数一〇〇戸ほどの集落を話題に挙げると、

「あの集落で、昔、沢に落ちて死んだ人がいたね。道路の整備に時間がかかりすぎたのが原因だ」

こんな話は地元の人間しか知らないが、功を遂げ、名をあげた政治家がビールの空き箱の上に立ってするこんな話に、地元民は感動してしまった。

あんな小さな集落の出来事まで覚えていて、今も心を痛めている角さんの心根に打たれたのだ。

選挙の応援演説で地方に出向いた野党党首から、「政治を市民の手に取り戻す!」という得意のキャッチフレーズを聞かされても、選挙民は少しもピンとこない。

「角さんの話は、姿かたちが目の前に浮かんだ」

は、選挙民の偽りのない声だった。

浪花節語りのような彼の演説は人間の魂を揺さぶり、夢と感動を与えたのである。だから角栄教の御本尊に接すると、みんな理屈抜きに信者になってしまった。

正論と独特の語り口

一方、岸信介は決して雄弁ではなかった。総理時代、強行採決で決めた日米安保改定も、もっと国民に分かりやすく語りかけるべきだった。あの改定がその後の日本の安定と繁栄に寄与したことは歴史が証明しているのだから、「三〇年後になれば、国民もわかるさ」などと心の中に収めてしまうのではなく、あの独特の口調で話しかけてほしかった

【旧態依然の安保条約では不平等で、日本が属国のままとなる。私はこれを改定して、対等な日米関係を築こうとしているのであります】

これはまったく正論であって、記者会見ではたしかにそう言ったのだが、テレビとラジオを通して国民に向け、かみ砕いて言ってほしかった。

「いいですか皆さん。現在のままの安保条約のナニではでしゅよ、わたしたちの国土が、

米軍の意のままに軍事基地として使われているんでしゅよ。

こんな不平等条約が、まかり通っていいはずがないじゃありましぇんか。

そこででしゅよ、これを改定して、イーブンな関係にするということなんでしゅよ」

とでもやったほうが、分かりやすかった。

まだ小学生だった安倍晋三は、子供好きの岸に呼ばれて、そっと南平台の岸の私邸の裏口から入ると、外から聞こえてくるデモ隊の声に合わせて「アンポ反対」と言いながら遊んでいた。すると好々爺の岸は笑いながら「オイ、アンポ賛成と言え」と言ったそうだ。

共産党や社会党に踊らされた知識階級や学生が「安保を改定すれば、日本が戦争に巻き込まれる」をうのみにして、過激な行動に出てしまったのは岸には不運であった。

それでも、今になってみれば、郷土・長州の志士たちが愛唱した「自ら反（かえり）みて縮（なお）くんば、千万人と雖《いえど》も吾往かん」、の精神を貫いた岸の評価は高い。

政界では岸よりずっと先輩の太田正孝という戦前の第一回普通選挙で代議士になった男が、岸にこう忠告したことがある。

岸によると「太田君はラジオ放送による演説の名手でね。彼に言わせると、演説というのは、四畳半で女を口説くような気持ちで話さなくてはダメだ。それを全国の奴が聞いていると思って力むのは大間違いだ」

岸は記者団との冗談を交えての話しぶりは親しめたが、演説は巧くはなかった。怒号が飛び交う中での演説が多かったせいもあるが、四畳半での口説き方とはほど遠く、国民的不人気の原因にもなっていた。

角栄に言わせれば、政治家の言葉は命である。

飾り言葉は使わない

【言葉に真心がこもっていなければ、相手の心に届きません】

角栄もそうだったが、うわべを飾った言い方を最も嫌ったのは甘粕である。

彼が満映理事長に就任したとき、ある部長が社員を代表して挨拶した。

「満州国建国の功労者である甘粕先生を理事長に迎えたことは、わたくしども一同の喜びであります。わたくしどもは新理事長の下に、粉骨砕身、社業の発展に努力し、今後満州の地に骨を埋める覚悟で働きます」

するとすると甘粕は、

「満州国建国の功労者というお世辞は、わたくしには当たりません。粉骨砕身などという美辞麗句を並べても、心に真がなければ何もなりません。わたくしたちは日本人ですから、死んだら骨は日本に埋めるのです」

とやり、これはいまでも語り草になっている。

同じように実績と数字にこだわった甘粕は、その日の撮影所の作業実績をグラフにして、新京の大和ホテルの自室の壁に毎日記入していたそうである。

数字へのこだわりでいえば、岸信介の場合は、国家予算の関連だけではなかった。産業行政を指導する商工省上がりとはいえ、例えば自動車の話題になると、材料や工作機械、部品の質から原価、メーカーの事情まで立て板に水のごとく、解説してみせた。宴席で目の前にある家具が話題になると、たちどころに産地や材料、原価、売値まで数値を並べてみせた。
政治の現実は、もとより抽象論の世界ではない。田中角栄も岸も、物事を数値化して、はじめてビジョンに結びつくことを知り抜いていた。

目配り、気配り、心配り

【あいつの親父は戦後、新潟県の副知事をやっていたから、よく知っているんだ。しかし息子は、あったかい都会育ちだから、選挙運動中、風邪をひかないようにマフラー、腹巻、手袋、靴下を差し入れてやってくれ】

ロッキード事件で騒然としていたさなかの一九八三年十二月、第三十七回衆議院総選挙に野坂昭如が角栄批判のために同じ新潟三区から出馬したとき、角栄は秘書にそう言いつけた。

普通の人間にはこんな発想は生まれない。雪国越後の厳しい自然風土で育った、角栄の目配り、気配り、心配りである。

角栄の郷里の戦国武将・上杉謙信が川中島の合戦の敵将・武田信玄の領国の甲斐が塩の不足に苦しんでいるのを知り、塩を送った故事にならったわけでもないだろう。だが選挙の対抗馬といえども、相手を思いやる度量があったのは事実で、政界でも野党議員に人気があったのは、角栄の情に参ってしまったからである。

どんなシチュエーションの相手にも心配りを忘れないのは、宿敵ロシアのステッセル将軍をいたわった乃木将軍の武士道精神にも通じている。

中国への姿勢の違い

中国とは縁の深い角栄、岸、甘粕だが、それぞれの対中姿勢はどうだったのか。

昭和四十七年（一九七二）、当時通産大臣だった田中角栄は、日中国交正常化交渉について持論を述べていた。

【過去に大変な迷惑をかけたことを、心からお詫びします、という気持ちが大前提にならなければならない】

この発言の前年、通産相として日米繊維交渉に奔走していた角栄は、折しもニクソンが北京を雷撃的に訪問し、米中が急接近した光景を見てとると、中国との関係改善を決意する。

かつて関東軍の一兵士として満州に駐屯した経験もあったが、喉にトゲが刺さったままの状態の日中関係が、政治家・田中角栄には気になっていたのだ。

それでも米中接近の新事態発生に歩調を合わせるとは、いかにも現実主義者の角栄らしい。

だが、彼の対中志向とは別にして、日中国交正常化に向けて角栄を動かしたのは、当時の外務省アジア局中国課長の橋本恕（はしもとひろし。後の駐中国大使）である。

時期からいえば、角栄が「日中をやる」と決断したのは、政権を取る五ヵ月前のことだった。

【毛沢東、周恩来は何十回も死線を越えてきた創業者だ。その点で信用もできる。話もつけられる。だからふたりの目玉が黒いうちに、一気にやるんだ】

それより半年ほど前、角栄の政治秘書・早坂茂三はひそかに橋本から酒席に呼ばれて、このようなやり取りになった。

「角さんは天下をとれるかなあ」

「とれますよ、かならず」

「自民党で日中国交正常化をやれるのは誰だろうか」

「それは田中のオヤジしかいない」

「岸さんや灘尾さんをくずせるかな」

「大丈夫だって。うちのオヤジならできますよ」

「だったら、角さんにがんばってもらおう。国交回復の見取り図はオレが書く」

それから愛知喜一が天下取りをめざす角栄の政策面の総参謀になった。結論は、田中角栄総理のもとで日米安保条約を堅持しつつ、日中正常化は実現できる、であった。

角栄自身は、「日、米、中」で二等辺三角形を作るんだときっぱり言っている。中国が豊かになれば、民主的な同盟国になると期待したのだろう。

だがその後、日中正常化は実現したものの、実力をつけた現在の中国のゆがんだ姿勢、高圧的な政策を角栄は想像していただろうか。

角栄を後押しした当時の親中派の文化人たちもそうだが、角栄たちは儒教精神を基盤にした中華思想に幻想を抱いていたのではなかったか。

反共精神に凝り固まった岸らにしてみれば、台湾と手を切って、共産党一党独裁国家の中国に莫大な経済援助をした角栄主導型の日本の政策に危惧していたはずである。

だが角栄主導の日中国交正常化が成っていなかったら、現在の日中関係はさらに険悪になっていた可能性が強い。

いまでも中国では田中角栄は人気というより、信頼されているといわれるが、「渇水不忘掘井人」（水を飲むとき、井戸を掘った人のことを忘れるな）が、引用されている。

だが台湾ロビーストの岸信介や賀屋興宣（かやおきのり）、灘尾弘吉らは角栄らの動きを知って抵抗したといわれる。

現職の総理時代の岸は「対中貿易といっても、相手には漢方薬しかないじゃないか」と言って正常化には冷ややかだったし、弟の佐藤栄作も同じだった。

そもそも満州国政府の官僚時代の岸は、日中戦争中も満洲国政府に入ってくるアヘンの上がりを水面下で蔣介石国民党政府に供与ていた事実は、知る人ぞ知る。なんと「泥沼にはまった日中戦争」は双方が水面下で通じていたのだ。

事実、日中戦争のさなか、甘粕正彦を仲介役にした蔣介石と岸の関係が尋常なものでなかったという指摘は少なくない。

戦後も、岸は総理辞任後も長く台湾ロビーストとして知られ、蔣介石と親しい間柄だったことは周知のとおり。両者は反共、反新中国で政治イデオロギーにも共通点があった。若いときから反共で固まっていた岸は、国共合作と離反を繰り返す中国では、蔣介石に勝利してもらわなければアジアの赤化が拡大化するということを恐れていたからである。

戦後、岸は首相就任後、最初の訪問国に台湾を選んだ。蔣介石に会ってまず岸が言ったのは、

「戦争の終結に際して大陸の日本人、軍人あわせて二百万人を無事に帰国させていただき、感謝します」

であった。後に岸はこう回想する。

「蔣介石は賠償放棄も宣言してくれたしね。それで、『恨みに報いるに徳をもってせよ』という総統の考えに基づいて戦後の復興が成ったことを伝えたんでしゅよ。

それから、カイロ会談で日本の天皇制の問題が問われた際に、その問題は日本国民が決める問題でわれわれが決めるものではないし、タッチすべきでない、と。結局、天皇制の

維持の基礎を作られたこと、戦後の日本占領について分割占領に対しても、蔣介石総統が反対されて、北方地域にソ連が進出するということがなくなったことなど、今の日本があるのは実にあなたのお陰によるもので、日本国民は決してその恩を忘れないと、感謝の心を伝えたんだよ」

賠償放棄についても、岸はこう回想する。

「〝恨みに報いるに徳をもってせよ〟は、じつは自分（蔣介石）が若いとき日本に留学したとき、武士道の精神を頭山満先生、犬養毅先生といった方々から実践を通じて教えこまれたものです。それは東洋思想の基本であると同時に、日本精神でもある。だから、私に感謝するというよりも、日本の諸先輩の精神に感謝してもらいたい」

その返答を聞いた岸は「蔣介石というのは立派だと思ったね。アジアの英雄でしゅよ」

だがあいにく中国は、内戦で蔣介石国民党軍が敗れて台湾に逃れ、共産党一党独裁の国になってしまった。

反共精神に固まっている岸にしてみれば、中国ははるかなところへ行ってしまったのだ。無念だったのは、蔣介石国民党軍が勝利していれば、その後のアジアの勢力図が変わり、アメリカも朝鮮戦争、ベトナム戦争で傷つかずに済んだのだ。

道徳教育に風穴を開ける

【勉強しない奴は、親よりもバカになる】

角栄には高等教育を受ける機会がなかった。高等小学校を出るまでは優等生で勉強好きだったが、家が貧しく、進学など望むべくもなかった。

その後上京すると、井上工業東京支店に住み込んで土木作業、雑誌『保険評論』の見習い記者や貿易会社の配送員に転職したりしているが、一日の仕事を終えると、私立の中央工学校土木科の夜間部で必死に勉強した。だがその学校は今はない。

昼間の疲れでウトウトしそうになると、鉛筆の芯を親指に突き刺して眠気と闘い、必死に講義を聞いた。角栄の親指にはいつも黒い鉛筆のシンの跡が絶えることはなかった。

後年、角栄はこう回想する。

「人間は劣性遺伝なんだな。だからかならず働き、勉強しなければダメなんだ。勉強しない奴は、親よりバカになる。だから人間はかならず勉強しなきゃならないようにできている。これは宿命なんだ」

それだけに、現代の若者が歯がゆくてならない。

佐藤政権の幹事長時代、東大安田講堂事件を頂点にして、各地に大学紛争が広がっていた。

このとき沖縄返還も絡んだ総選挙を幹事長・田中角栄の采配で大勝したが、実際は角栄が奔走して法案化した「大学管理臨時措置法」で勝った選挙といわれた。肝心の佐藤栄作は法案に消極的だったが、東大総長（加藤一郎）、文部相（坂田道太）らと矢継ぎ早に会談して意見調整したうえでの法案だった。

結局、法案は成立して、学園は平穏を取り戻した。

人間教育に一言持った角栄であるから、その発言は分かりやすく、的を得ていた。

「戦後の教育制度、学校教育のあり方を見直さなければならないんだよ。第一、教育基本法に善悪の基準、物差しが書かれていない。人は何のために生きるのか、正義とは何ぞや、お互いが奉仕する目標は何かが明示されていない。親も教育現場でも、さわらぬ神にたたりなしで、触れてこなかったからね」

道徳教育に風穴を開けたのは角栄であった。

経済優先か、福祉優先か

経済と福祉は切っても切れない関係にあり、今日的課題でもある。

だが、角栄は、

「高度成長政策と福祉の充実を天秤にかけて『成長か福祉か』、『産業か国民生活か』という二者択一式の考え方は誤りである。

福祉は天から降ってくるものではない。日本人自身が自らのバイタリティーをもって経済を発展させ、その経済力によって築き上げるほかに必要な資金の出所は無いのである」

これは角栄がいつも口にしていた「国民のための政治がやりたいだけだ」の中身である。

抵抗勢力も小さくはなかった。しかし角栄は屈しない。

「政治家が仕事をすれば、批判、反対があって当然。何もやらなければ、叱る声も出ない。私の人気が悪くなったら、ああ田中は仕事をしているんだと、まぁこう思っていただきたい」

は含蓄のある言葉である。

田中角栄の政治は、地元への利益誘導最優先と批判する人間も多かったが、彼の志向はそんなちっぽけなものではなく、日本の地域格差をなくし、豊かな国にするという夢が先行していたことである。

国家に理想というものがなければ、進展はない。

岸も角栄も、「こういう国家でありたい」という夢が突出していた政治家であった。

【日本は同盟国なしには、やっていけない国なんだ】

だが岸信介の場合、戦前は欧米に二度にわたって長期出張して、先進国を見つめていた。

ドイツでは科学と技術力を駆使した軍民一体の国家社会主義の実態を学び、アメリカでは工業力の底力を思い知らされた。

「それでアメリカの真似はできないが、ドイツ方式なら日本もやっていけるという結論になったわけだ」

と岸は言うが、その岸方式に注目したのが日本の陸軍だった。

これは戦後、政治家になってからのことになるが、岸は日米同盟の強化にこだわった。

「そもそも資源がない日本は、同盟国をもたないことにはやっていけない国なんだ。かつては日英同盟があったからアジアでは安泰だったが、同盟が切れたから、満州へでていくよりほかはなかった。

戦後は、米ソが対立する冷戦構造をみていたからね。それでアメリカを利用して、日本の安全と繁栄を画したわけだ」

と回想しているように、岸には壮大な国家戦略があった。

だが、角栄は国内の国土開発、整備事業に熱心で、置かれた国際的事情が違うとはいえ、グローバルな思考が見えてこない。悲しいかな、国際戦略が見えてこないのだ。

【内閣はできたときに最も力がある。会社の社長も同じだ。力のあるうちに、できるだけ早く、大きな仕事をやるべきだ】


そう言う角栄は、もともとせっかちであった。

決断即実行が身上であるから、結果を急いだ政治家であり、決して熟慮して動くタイプではなかった。

自身はこう語る。

「私はメシも仕事も早い。一生の間、理想を追っても結論を見いだせないような生き方はキライだ。すべてのことにタイム・リミットを置いて、可能な限りの努力をするタイプなんだ」

毎日が戦闘の連続であるから、

「人間は、いつも始まりなんだ。これが終わりだときめてくれるのは『運命』だけだな」

と言う。

田中土建工業を設立し、瞬く間に全国五〇社の一角に数えられるほどにしてしまった。伝統も力もない小企業が入札を勝ち取り、いい仕事をするには、迅速と誠実こそ命だった。仕事の受注競争はしのぎを削る世界。そこで鍛えた流儀が、元来せっかちな気質に加担し、それが政治家になっても消えることはなかった。

田中内閣が発足してまず動いたのは、日中国交正常化交渉であった。

内閣発足直後は、通常はご祝儀相場が追い風となるから、田中内閣の対中国政策の転換には国民の期待、経済界の期待も大きかった。当然、内閣支持率も高かった。

「内閣はできたときに最も力がある」は、自身の体験に基く見解だろうが、それ以前に幹事長などの要職を経験していたから、実感としても受け止めていたのだろう。

逆にいえば、日中国交正常化を早々とやってしまったことが、田中内閣の短命につながったともいえるわけで、実際、もっとじっくりでもよかった。

戦前から親中派で、中国とも太いパイプを持つ岡崎嘉平太（戦後に全日空社長）、伊藤武雄（満鉄）、松本重治（同盟通信）、高碕達之助（満州重工業開発）ら、財界人、文化人の後押しがあったとはいえ、急ぎすぎた。

中国人の交渉術は、日本人の比ではない。まず最初、相手に自分の肉を切らせておいて、その後でぐっさりと骨を断つ戦法で、取引に長けている。

訪中前の事前交渉では、中国側は戦時賠償問題を放棄すると言っていたはずなのに、周恩来は田中に請求権を持ち出してくる。

その後、なぜか周恩来はあっさりとこれを引っ込めたが、実はそこに必中の秘策が隠されていることに田中たちは気づかなかった。後のＯＤＡにつながる曖昧なままの援助要請を「ヨッシャ、ヨッシャ」と上機嫌で受けてしまったのだ。

相手側にとっては「戦わずして勝つ」孫子の兵法であり、それ以来、日本は苦汁を飲まされたままだった。尖閣諸島の問題もきちんと覚書を交わしておくべきだった。外交に拙速は禁物である。

帰国後の角栄人気は下がる一方だった。大蔵省、日銀が過剰流動性のコントロールに失敗し、時期的に日本列島改造論も裏目に出たことも背景にある。

「高いものは、いつかかならず下がる。人気だって波のようなもので、返す波は低くとも、寄せる波は高い」

と達観しているように見えるが、強気の発言の一方で、本人は気にしていたらしい。

たしかに、攻めに入ったときの角栄は、飛ぶ鳥を落とす勢いだったが、守りに弱い政治家だった。

「頂上の風は強く、冷たい」

いったん落ち目になると、足を引っ張る勢力が必ず出てくるのは世間の相場だが、そんなことはいくつもの荒波を越えてきた角栄はよく知っていた。

「高学歴の人間のなかには、わしを毛嫌いするものが多いんだ」と言っていたが、経団連会長を務めた石坂泰三のように、財界でも、

「土方が総理大臣をやるとは何ごとか」

とあからさまに嫌う人間もいた。

財界で人気があったのは岸信介である。こちらは高等学校、大学を通じて飛び抜けた秀才だったし、人気云々は別にして、多くの日本人が描く理想的政治家像に近い。筆者は、一国の総理大臣に国民的人気は不要だと思う。あとになって、「あれは名宰相だった」となればいいわけである。

おまけに若いときから産業界、経済界をリードする役所の商工省で辣腕を振るい、満州を産業立国に変えた立役者であり、戦時中は軍需産業の要の位置にいた。

そのためもあって、戦後に獄中から出てきた直後であり、かつ公職追放を受けていた身でありながら、名だたる財界人が寄ってきた。

角栄と岸は庶民のエースと官僚のエースの違いでもあるが、情の角栄、理の岸でもある。

角栄は、

「わしのことをみんな逆境に強いと言っているが、かならずしもそうでない」と自身でも認め、「ただ、逃げだすことはしないということだ。じっとしていて、吹雪のときはしばし待つ。雪は人間を運命論者に変えるんだ」

とロッキード事件の渦中にあって語っている。

角栄軍団をまとめる早坂茂三の、

「たたき上げの創業者にありがちな自己過信は、状況次第で墓穴を掘りやすく、一代の英雄もこの範疇から抜け出せなかった」

は、的を得た評である。

第6章

それぞれの人生哲学

三人の人生観

人は誰しも「こうありたい」という自らが創り出した指針によって、人生の方角を決めてきたが、ここに登場した三人は、決して平穏、平坦な道を歩んだわけではなかった。岸の場合は、社会に出たとたん、待ち構えていたのは未曾有の不景気、それから戦争と敗戦という、いばらの道。甘粕にしても角栄にしても、多少の時代のずれはあったが、いつもしっかりと目は将来の日本を見つめていた。

そこでプライドの高い岸は軍という厄介な組織をうまく手なずけ、手玉に取って天下取りをめざした。

甘粕は殺人鬼という汚名をバネに、満州の大地にしっかりと驥足《きそく》を伸ばして、人の何十倍にも相当する人生を歩み、角栄はあらゆる階層の人間のハートをわしづかみにして、天下を取った。

それぞれの人生観は違っても、共通するのは「同じ人生の仲間である、人間が好き」ということだろう。

【黙れ兵隊！　オマエのような奴がいるから、東条さんの評判が悪いのだ。日本で右向け右、左向け左と言えるのは、天皇陛下だけではないか】

東条の憲兵政治のお先棒を担いで、恐れられていた四方諒二（しかた りょうじ）という東京憲兵隊長が岸の自邸にやって来て、軍刀を立てて、東条総理大臣が右向け右、左向け左と言えば、閣僚はそれに従うべきではないか。それを総理の意見に反対するとは何事かと言ったときの、岸の返答である。

この場面は、岸の長女で今も健在の洋子（安倍晋三の母）が見ていたが、四方は「覚えておれ」と捨てゼリフを言って出ていったそうだ。

政界を退いて、好々爺となった岸は、

「この戦争はもうダメだから、東条さんは潔く総理の座から降りていただきたいという、私の進言にしても、私も殺気立っていただろうから、東条さんも神経にさわったことだろうと思う。戦争の形勢が不利になってイライラしているときに、私が言うことをきかないから」

と東条を思いやっていた。

プライドと度胸の良さ

それにしても、東条や憲兵隊長を向こうに回して一歩も退かないのは「天子様とお殿様以外には、口喧嘩では負けけんよ」が口癖だった、母親譲りのプライドと度胸の良さである。そして、閣内にいながら岸が東条内閣を総辞職させてしまったのは周知のとおりである。

軍に媚びない岸は、それ以前、満州に赴任した早々、関東参謀長・板垣征四郎に向かってこう言い放った。

【満州の産業が育たないのは、軍が口を出すからです。あれでは、財界がソッポを向いて

しまうのは当たりまえですよ。私は関東軍から満州の産業経済を取りあげて、自らの手で育てるために満州に来ました】

さらにすかさず、岸は第二の矢を放つ。関東軍のキーパースンに先手を打って「切り札」を突き付けることになるのだが、まず先手を打っておくのは、以前から身に付いていた岸の流儀であった。

【私は内地で食いつめて来たわけじゃありませんから、気に入らなければ、いつでも帰りますよ】

すると大人の風格のある板垣参謀長は、苦笑いしながらうなずいた。

「もともとそのつもりで来ていただいたのですから、思う存分やってください」

の一札を取ってしまったのである。

上位の者にはあけすけに、下の者には言い含めるようにソフトな言い方をするのが岸流である。長州人のプライドと自信が裏付けされている。

「政治家が悪く言われるのは宿命だ」

いまでこそ、「角栄のようなリーダーシップを取れる政治家」の到来を望む声が多くなったが、人から悪口を言われた政治家となれば、田中角栄は人後に落ちないどころか、筆頭格であった。

そこで田中が言ったのは、

「政治家が悪くいわれるのは宿命だ」

なかでも首相まで務めた人間は、惜しまれて辞めていく例はまずない。ましてやスキャンダルが明るみに出たときの、世の中の反応は厳しい。

「おふくろが週刊誌を読んで、心配して電話をかけてくるが、オレはこう言ってある。まあオレの悪口が書かれているうちは、田中角栄は健在だからということで、あきらめてくれ」

これもロッキード事件絡みだが、悪口を書く記者に向かってはこんな感慨を述べている。

「オレの悪口を書いて、それで連中がメシが食えるんだったら、いいじゃないか。いずれカタがついたら、だいぶ儲かったろうから、一割、二割は戻してもらう」

角栄の右手を上げる「イヨッ」というポーズはお馴染みだが、登院するときや、自邸を出るとき、地方遊説に出たときのような平時なら分かる。しかし東京拘置所を出るとき、東京地裁に入るときも、待ち構えていたカメラマンに向かって、イヨッをやった。

側近たちが「オヤジさん、金権政治を叩くあの連中にまでやる必要はないですよ」と忠告しても、

「カメラの連中だって、好き好んできているわけじゃない。オレの写真が撮れなければ、連中だって仕事にならんだろう」

と言って「心の広い角栄」を演出してみせた。演出というよりは、敵であっても相手を思いやる気持ちがあのジェスチャーとなって、自然に出たといったほうがよさそうだ。

出る釘は打たれるのたとえどおり、人は目立つ存在になると、悪く言われるのが通り相

場だが、こんなことはわれわれの身の回りでも起きている。会社の人事やスポーツの世界でも、若手が抜擢されたりすると、嫉妬されたり、「なんであいつが」と反感を呼ぶ。二軍にいた高校出たての野球選手が、突然一軍に呼ばれると、監督はたいていその日に使ってくれる。

そこでヒットやホームランでも打って活躍を持続できれば、常時一軍に定着できる。したがって、仲間から嫉妬されるのは願ってもない理想の姿であり、チャンスをものにした本人は、きわめて望ましい状態にあることになる。競争の世界では、同情されたらおしまいなのだ。

「政治家が褒められようとしたら、そいつは大成しないいな」とも田中は言っている。それでも、政治家志望の人間は後を絶たない。

夏目漱石のように「この世に政治家ほど低俗な人種はいない」と冷めた言い方をする見方も、あることはあるが。

これまでみてきた三人の思考の中身は、彼らの人生哲学そのものと言っていい。しかしここでは、政治家、満州の黒幕の立場を越えて、もう少し普遍性を持った視点から、通常の社会でも通じる彼らの人生哲学を見ていくことにする。

【人は悪く言われなくなったら、終わりだ】

安保改定で日本中が揺れている頃、かつて〝全寮制の巣鴨大学〟の同期生〟だった笹川良一が岸に話しかけた。

「いま日本中でいちばん悪く言われとるのは、あんたとわしやな」

すると岸は「政治家が悪く言われなくなったら、もうおしまいだよ」

と返して、互いに笑い合った。

これは政治家の宿命みたいなものであるから、角栄も「マスコミや評論家は政治家の悪口をいうのが商売だ。政治家は彼らに悪口をいわれるのが商売なんだ」

と公言して、割り切っていた。

政治家のなかでも宰相ともなれば、現役時代に世の賛美を浴びるのは就任直後だけである。野党の面々から惜しまれるのも、棺のふたが閉じられるときだけであるから、因果な商売ではある。

角栄のように重い負荷を負った政治はなおさらで、

「いやなことは、その日のうちに忘れろ。自分でどうにもならんのにクヨクヨするのは阿呆だ」

という心境になるのも無理はない。

しかしロッキード事件のような大事件ともなると、その日に忘れるとかいう簡単な問題ではない。

「苦労というものは、いい部分もあるが、悪い部分もあるな。苦労はしてもいいけど、無駄な苦労はしないほうがいいんだ」には実感がこもっている。

評価の逆転こそ、男冥利

人間社会には、褒め言葉と悪口が共存する。だが甘粕の場合は、その来歴からして当初は忌み嫌われ、警戒されたが、実際に接してみると、その評価はガラッと変わってしまった。

田中や岸の場合は政治家であり、総理大臣にまでなった人間であるから、「総理の評価は三十年後にならないと変わらない」は甘受しなければならない宿命である。

しかし、甘粕正彦の場合は「殺人鬼」「血も凍りつく鬼憲兵」のレッテルであるから、いくら天皇の軍隊の名誉を守るためとはいえ、これはまったく次元の異なる苦労を背負い込んだことになる。

つまり、先入観で悪く言われたが、身近に接してみて「これはたいした人間だ」となってしまった。こんな人間はそう多くはないだろう。

満州の政治・行政の世界に彼が登場したとき、周囲の人間たちは、

「あんな人殺しが、満州の政治に口を出すなんてけしからんですよ」

「はじめて会ったとき、握手されましたが、女のように柔らかいあの手で大杉栄と伊藤野枝、さらに子供の首まで絞めたのかと思うと、ゾッとしましたよ」

と、側近が岸に向かってぼやいた。

しかし、とうに甘粕という人間を見抜いていた岸は「人は来たりて見よというじゃないか。そのうちわかるよ」と言っていた。実際、この側近たちは甘粕と刎頸《ふんけい》の友になってしまったのである。


岸の要請を受けて、甘粕が李香蘭らのスターを抱えた満映理事長に就任したときも、現場ではハチの巣をつついたような騒ぎになった。

「人殺しの下で働くのはまっぴら」「もっとも非文化的な男が、満州一の文化機関を支配するとはなにごとか」

ところが就任当日の朝、誰よりも早く出社して、だらけムードを一掃してしまった。給与を底上げして下の者にやる気を起こさせ、無能な上司を降格させて、有能な人材をどんどん昇格させる。

そんな折、出てきたのが次の発言。なんとも含蓄のある見方である。


【上司から見た部下の評価は当てになりません。下の人間から見た人物評価は当たります】


しかも甘粕は次々と改革の手を打ち、それがすべて当たってしまった。

診療所、保養所を建てて厚生施設を充実させ、優れた機材を惜しみなく導入して、瞬く間に東洋のハリウッドに生まれ変わった。いまにも潰れそうな満映は、満州国の優良企業にのし上がってしまったのである。

李香蘭によれば、テロリストと恐れられ、忌み嫌われた甘粕理事長は、この頃には「満映の父」として誰からも慕われたということである。

「嫌われなくなったら終わりだ」は政治の世界。世界が違うとはいえ、またたくまに評価を逆転させたところに、甘粕の非凡な才能が光っている。実際いまでも、この男の負からの発想にうなってしまう人間は少なくないのである。

岸の角栄への人物評価

【田中君の身だしなみ、あれはなんだね】

田中角栄を高く買っていた岸も、彼の服装のセンスには呆れていた。ネクタイの趣味にしても、娘の真紀子に言わせれば全くヒドイものだった。背広、ネクタイに靴下姿で下駄を履き、庭の池の鯉にエサをやっているお馴染みの光景は、マスコミへのサービスにしても、土建屋の親方そのものである。ステテコ姿で、高級ホテルの廊下を歩くオッサンの姿を連想してしまう。

しかし、下手に気取ったり、繕ったりせず、ありのままの姿を見せるから、そこがまたウケた。田中から泥臭さを消してしまっては、サビ抜きの刺身、気の抜けたビールだ。

政治家は映画スターや舞台俳優ではないのだから、見てくれの悪さは、ご愛嬌である。だがそんな田中でも、貧相どころか貫録があって、かなり見映えはした。妙に色気もあり、俗にいうオーラがあった。地元のオバサン連中には、色気を超えて、人間の魂を揺さぶるフェロモンをたっぷり感じさせる存在だった。曰く「おらが角さん、いのち」

それでも岸流の言い方では、服装も教養の一つであるから、一国の総理として世界の一流の人物と交わるには、やはり見劣りがした。

岸の場合、天は二物を与えずで、海軍中将にまでなった長兄の市郎、今団十郎といわれた弟の栄作とは比較にならないほど、顔の造作では恵まれていなかった。しかし商工省、満州国政府の官吏時代の、濃紺系統の三つ組みの背広姿には知的雰囲気があったし、戦後の政治家時代も、身だしなみは良かった。

総理を退陣してからは、険しい周囲の雰囲気から解放されて、表情にも持ち前の明るさが戻っていた。公務以外の場では、赤系のジャケットを端正に着こなし、太いストライプの入ったワイシャツに趣味のいいチョッキが似合い、これは晩年まで変わらなかった。

お洒落も趣味も教養のうち

甘粕正彦は、岸によると「彼はフランスにいたせいか、着こなしにもセンスが光っていた。満州国の国民服である協和会服にしても、生地に凝ったうえに、日本の一流テーラーに作らせていただけあって、ほかの連中と違っていた」という。顔も貴公子みたいだから、容姿はすこぶるよかった。

身の安全のために、岸も甘粕も新京の大和ホテルに居住することが多かったが、甘粕の部屋に出入りしていた満映の女優・李香蘭（山口淑子）によれば、スコッチのホワイト・ホースを傾けながら、静かにクラシックに耳を傾けていたそうだ。

部屋にはベートーヴェン、バッハ、ラフマニノフ、チャイコフスキーのレコードもたくさん揃っていた。緊張と躍動の後の、静寂のひとときを愛していたということか。

「謀略を仕切る闇の男」は、そのようにして人間性を取り戻そうとしていたのか。大杉事件のつらい過去を忘れようと苦悶していたのか。そうだとしたら、この男の心情は哀切である。

田中と岸はリアリズムの世界に生きる男。だが甘粕は、謀略と映画製作のようなリアルな世界とは離れたところにファンタジーの世界も持ち合わせていた。田中、岸のめざす立身出世の世界とは無縁の、幻想の世界である。

たとえそれが忌まわしい記憶からの逃避であったとしても、田中、岸とは異質の、芸術の世界に浸っていたのである。

甘粕は、すべてにひどくお洒落で、教養人でもあった。ハルピンには、革命で逃れてきた白系ロシア人やナチスの迫害を逃れてきたユダヤ系ドイツ人のなかに、優れた音楽家が大勢いることに目をつけると、彼らを入れて新京交響楽団を創ったのも甘粕である。

なんでも一流のものを創らないと気が済まない甘粕。日本から斎藤秀雄や、山田耕筰を招いて質の向上を図ったが、満洲国の文化水準を西欧に引けを取らないレベルまで引き上げることにあった。めざすのは、満洲のルネッサンス化であり、差しあたって甘粕は、満州文化の総合プロデューサーである。

昭和十九（一九四三）年というから、敗色濃い時期だったが、オーケストラの指揮者・朝比奈隆は、

「こういうご時世だからこそ、大いに音楽を」と甘粕から背中を押され、上海や満州各地で新京交響楽団を指揮した。

元軍人とも思えない、文化人・甘粕正彦の別の顔がうかがわれる。

田中角栄の浪花節はほほえましいが、彼にクラシックは似合わない。岸の言い分ではないが、宰相ともなると、教養が不可欠。だが、一人の人間にそこまで求めるのは酷というものだろう。「おらが国さの角さん」「目白に君臨する、頼りになるオヤジ」が一人ぐらいいてもいい。

「サービス精神を忘れるな」

数ある角栄語録のなかで、人の心をうれしくさせる類の代表的なものに「愛嬌とサービ

ス精神を忘れるな」がある。

角さんのパーティーほど楽しい会合はないといわれたのは、話の余興に得意の浪花節を披露して場を盛り上げることがよくあったためらしい。

グラス片手に、「天保水滸伝」や「杉野兵曹長の妻」をうなってホロリとさせるから、人は彼の心の翳りの部分まで共有した気になって、酔い痴れてしまう。

浪花節は大人の子守歌。田中は外に向かって異才ぶりを声高に発信しつづけた男だが、内心は寂しかったのだろう。浪花節で自らを慰撫していたに違いないのである。

「幹事長はおもしろいから何年でもやりたいが、総理大臣は一度でいい。血圧と血糖値が上がる商売だから、身がもたない」

と言ったのは、本音の吐露だろう。

時代背景が違うので比較にならないが、それでも田中は、自ら描いた日本列島改造の作品に足跡を遺すことができた。

だが、岸は「日本では、戦後になってから総理大臣を一度やったら、それでいっちょあがりだ。これは日本にとってもったいない。

明治の伊藤（博文）公のように、幾度もやるたびに、前の経験を生かして大きくなっていくもんなんだ」と言っていた。

多数の反対を押し切って安保改定を成し遂げた後の、経済成長の仕上げを池田勇人に任せた無念さをにじませている。所得倍増計画は、自分の手でやりたかったのだ。とはいえ、物事は完全なものより、心を残しておく隙間があるほうがいい。

サービス精神でいえば、岸も長男・信和によるとサービス精神旺盛で、「父はお人好しな上に、つき合いが良すぎて周りをいつもハラハラさせた」という。「宴席での、岸さんのさり気ない下ネタは逸品でした」という声も多く、いつもまわりを楽しくさせた。

政治家たる者、ましてや総理大臣が「孤高の哲人」ぶっていては人はついてこないし、将にはなれない。岸はそのことを指摘して、

「宮沢喜一君はじつに頭がよかった。だけどあれじゃあ、人はだれもついていかないよ」

と、笑っていた。

言葉は不要。決断と行動のみ

【女優は芸者ではありません。芸術家です】

一見して気難しく、とっつきにくく見える甘粕の場合は少々変わっていた。

満映のパーティーなどには、在満の要人が招かれる。それまでの満映の女優なら、招待客にお酌をするのが習わしだったから、満州国政府ナンバーツーの岸などはその恩恵を受けていつも上機嫌だった。

だが甘粕が理事長になってから、

「女優は芸者ではありません。立派な芸術家です」と言って、彼女たちのお酌を禁止してしまった。

それどころか、パーティー会場に彼女たちが現れると、部課長たちに向かって、「オイ君たちなにをしている。早く彼女たちのコートを取って差しあげなさい」

と命じ、東洋のハリウッドの女優として丁重に扱った。

そのうえ料理は豪華この上ない中華、和食、洋食がそろい、飲み物は高級ワイン、シャンパン、スコッチ・ウイスキーにブランデーが出て、甘粕は各テーブルをくまなく回ってにこやかに挨拶したり、料理や飲み物の追加を営繕係に命じた。

パーティーには白系ロシア人のバンド演奏、新京放送局の森繁久弥らの即興も入ったが、圧巻は李香蘭が中国語と日本語で歌う「夜来香」「蘇州夜曲」「支那の夜」が大もてだった。「わたしは李香蘭の私設応援団長」と公言してはばからない岸信介は、ご満悦だったそうだ。


甘粕のサービスぶりはさらにエスカレートして、満映に近い南湖の畔に豪華な倶楽部「湖西会館」を建て、来客をもてなした。

日本から名士を呼んで講演会、双葉山ら大相撲の巡業、歌舞伎、宝塚少女歌劇団を招いての公演など、甘粕は大張り切りだった。

満州の文化水準の高揚だけでなく、現地の人間たちを楽しませることに腐心した「おもてなし」が大好きだったのだ。

田中、岸の場合は政治家のパーティーであるから、気の利いたジョークを交えた演説がメインだが、その点、甘粕は木で鼻をくった挨拶しかしなかった。開会の挨拶は「はじめます」、締めの挨拶は「終わります」しか言わなかったから、相当変わっている。

自分の持ち味である決断と実行は日常の行動にあるから、言葉は不要と考えていたらしい。

人間を好きになれ

【客と会うのが醍醐味じゃないか。それがおっくうになったら、政治家を辞める】


政治家は訪問客とどう向き合うか、は課題の一つ。

角栄は「人間好きになれ」「人と会う醍醐味」「おっくうになったら政治家を辞める」とまで言ったが、「いいか、政治家は代理がきかない商売なんだ」が根底にある。

特に「いやしくも政治家を志すなら、八百屋のおかみさんも、魚屋のオヤジさんも、ねんねこ半纏で孫を背負ったおばあさんでも、まずその人間を愛さなきゃダメだ。人間は、やっぱり出来そこないだ。だからみんな失敗もする。その出来そこないの人間そのままを、愛せるかどうかなんだ」

と政治家の原点を繰り返し言っていた。

そのあたりが官僚から政治家に転じた者、親の地盤を引き継いだ二世、三世議員との違いでもある。

ノーとイエスははっきり言う

そのためもあって、田中邸には大型バスを連ねて連日やって来る陳情団、案件を持って説明に来る省庁の役人、財界人、国会議員などをそつなく、こなさなければならない。

そばに強力な秘書軍団が控えてはいたが、個人単位のような小さな陳情にも耳を傾け、即決でイエスかノーかを伝える。「考えておこう」「善処しよう」のような役人言葉とは無縁の角栄であるから、相手も単刀直入の返答を角栄からじかに言ってほしいのだ。即断即決を身上とする背景には、桁外れの記憶力と判断力である。

イエスの場合は「わかった、わかった」「ヨッシャ、やろう」である。自らも「結論が出たらすぐに実行するのがわたしの流儀」と言ってはばからない。「わかったの角さん」、「ヨッシャの角さん」はそこから来た。「田中君の決断と実行力はたいしたもんだ」と岸が指摘する所以である。

ややこしい話を持ち込んでくる陳情者には、こう伝えた。

「用件は便せん一枚に大きな字で書け。それから、初めに結論を言え。理由は三つまでだ。この世に、三つでまとめられない大事はない」

陳情は書面で来る場合もあるが、田中はノーを伝える場合もできるだけ自分で書くように努め、時間がないときは秘書に命じて「田中はこう言っています」という返事が返ってくる。

「これで相手は、ちゃんと話はオレに伝わったとわかるから、それで納得がいくじゃないか」という論法である。

この角栄の流儀は、側近にも求められた。

【約束したら、必ず果たせ。できない約束はするな。返事は必ず出せ。結果が相手の希望通りでなかったとしても、ちゃんと聞いてくれたんだとなる。これは大事なことだよ】

田中が指摘するように、自身は「話はちゃんと聞いてくれる政治家」にこだわり、その積み重ねを大事にした。

「たしかに、ノーというのは勇気がいる。しかし、逆に信頼度はノーで高まる場合がある。ノーとイエスははっきり言ったほうが、長い目で見れば信用されるということだ」

と言っている。

いまはノーでも、自分たちと対話ができる政治家こそが有権者にとっては頼りになり、田中角栄の評価になって返ってくる。そこを見抜いている角栄は、物事を複眼的に見ているからともいえる。

陳情とは何かについて、田中自身はこう説明している。

「マスコミは陳情を批判するが、それは旧憲法的思想だ。陳情は別の言い方をすれば、主権者の提言だな。国民が立法府や行政府にたいして、こうしてくれ、ああしてくれ、は主権者の請願であって、憲法上の大権なんだ」

田中は「いちばん大事なのは人との接し方だ。それは戦略、戦術と違う。人間は年に関係なく、男でも女でも好きな人は好きなんだ」とも言っている。

それは彼の政策や政治姿勢云々ではなく、人間田中角栄が好きになってしまうということであるから、情の世界の話。

角栄に長年仕えてきたスタッフが欠けていかないことでも分かることだが、野球でいえば熱烈な虎キチの類に近い。日本一になろうが、奈落の底に落ち込んでしまおうが、タイガースこそわが命となる。

野球にたとえて、角栄はこう言ったことがある。

「日本の夏は高校野球にはじまり、高校野球に終わる。

全国の市町村は、わが郷土の学校を勝たせるために応援し、熱狂する。一国の政治もそれとおんなじだよ」

あらためて言うまでもないが、初代の伊藤博文から現在の安倍晋三に至るまでを見ても、田中はまったく規格外で異質の総理大臣だった。そして、田中派の中から直系の後継者が出なかったことも、彼が育てなかったからというよりは、あまりにも桁外れの人間であるから、学ぶことは多くても継承はできなかったということだろう。

実は聞き上手だった岸

【相手には、自分にない良いところが一つはある。そこと付き合えばいいではないか】

岸は角栄のような名言語録は遺していないが、聞き上手であったことはあまり知られていない。角栄は誰とでも本音で向き合ったから、相手も胸襟を開いた。

田中の人気と大衆性の原点はここにあるのだが、意外なことに、プライドの塊のように見える岸信介は、若いときから聞き上手で定評があった。学生時代に友人が多かったのも、多分にそのせいらしい。

満州国政府の高級官僚時代も、多忙な日々にもかかわらず、訪ねてくる人間には、どんなに忙しい時でも時間を割いて会った。

相手は関東軍の高級将校、満鉄や企業の関係者ばかりとはかぎらなかった。右翼、大陸浪人風の胡散臭い男たちから、なかにはヤクザまでいたが、それでも相手の話には耳を傾けた。

さすがに見かねた部下が「岸さんともあろうものが、なにもあんな連中の話に付き合わなくても」と意見しても、「なに、どんな人間にも、こちらにはないいいところが一つはあるもんだ。そこと付き合えばいいじゃないか」という言葉が返ってきた。

総理時代も「オヤジは忙しくてもだれとでも会うし、どうでもよさそうな会合に出かける。なかにはなんでこんな人間と…と苦言を呈しても、言うことを聞かない。人を頭から白だ黒だと分けるもんじゃない、とよく言われた」

総理秘書をしていた息子の信和は、そう語っている。

結果的に情報量は増えることになるが、「なんでもよく知っている岸」「人脈の広い岸」の一因は、この聞き上手にもあったとみられる。

「愚者のおしゃべり、賢者の聞き上手」の戒めを心掛けていたらしいが、そういえば、岸の耳は人一倍大きかった。

【話は一分でお願いします】

甘粕も、会うときは人を選ばなかったが、やり方が一風変わっていた。時間を費やさないように、相手が知っている人間でも甘粕は立ったまま応対し、見知らぬ人間の場合には「話は一分以内にお願いします」と出鼻をくじいてしまった。

「見知らぬ人間」の多くは、壮士気取りの大陸浪人で、たいていは金が欲しくてやって来る。「気前のいい甘粕旦那」は広く知られていたからである。

だが、相手の魂胆をとうに見抜いている甘粕には、独特のやり方があった。

「一分以内に」とかまされても、言われたほうはいきなりカネの無心はできないから、「昨今の帝国をとりまく、不遜なる外国勢力の態度をみまするると、憂慮に堪えないのでありまして…」などとやりだす。

するとと甘粕は即座に相手をさえぎって、「結論を言ってください。要はおカネが欲しいんでしょう。いくら欲しいんですか」と畳みかけると、相手は「では二百円ほどお願いします」となる。

すると甘粕は財布から二〇円ほど取り出し、いまはこれしかありませんから、これをおもちなさい」と言って帰らせた。最低限度、相手の面子も考えて、手ぶらでは帰らさないのが甘粕流である。

印刷されたハガキや手紙が来ても、簡素ながら甘粕は直筆で書いてすぐに返事したのは、先方への思いやりである。

甘粕は陳情や部下からの問いかけにも、イエスかノーかを即答した。ノーの場合でも「ここが間違っていますから、こうなさい」と即答した。

簡潔に分かりやすく、は軍人時代の癖だろうが、周囲は彼の異能ぶりに目を見張ったという。

「まず相手の言い分を聞いてやれ」

田中は派閥の集会などで、この言葉をよく使った。

岸の聞き上手は、相手から情報を得たり、彼らの戦略を見抜くことにあったが、田中の場合は自分が指示を出す土台づくり。

身近に仕える側近、懐刀の後藤田正晴や官僚を従え、彼らのエキスを糧にしてはいたが、あくまで自分で決断し、実行した。

角栄も岸も、いずれ劣らぬ天才的な政治家ではあったが、岸には三十年先、五十年先を見据えるビジョンがあった。

岸の場合は、角栄と違って学問を背景にした頭脳的な政策が光り、それゆえに名参謀がいなかった。

甘粕はといえば、どこで身に付けたのか、誰にも分からない独断的行動が目立っていた。排英工作、謀略の類も、真相を知る者はほとんどいなかった。まことに不思議な人物であった。

義理と人情を大事にする

【人から受けた恩を忘れるな。必ず恩返しをしろ。ただし、相手が困ったとき、遠くから慎み深く返してやるんだ】

田中が十五歳のとき、青雲の志を抱いて国を出るとき、母親から言い含められた「人の恩は忘れるな」は、政治家になっても田中の体内に宿り、発散しつづけた。

政治家・田中角栄にとって、義理と人情は自身の人生哲学の原点。リーダーの条件、政治家というジグソーパズルでいえば、最初のピースである。彼がこよなく愛した浪花節の世界でも、義理・人情は大事なテーマになっている。彼自身が浪花節でできているといっていい。

かつて受けた恩の返し方にはいろいろあるが、田中の言う「遠くから慎み深く」は、「あのときのお礼に参りました」とやってはいけないという意味である。

金銭で昔世話になったが、もう返してあるから、それで済んだというのではなく、相手が困っているときには、分からないようにそっと援助しろということである。

それは先方には自分の存在という形では伝わらなくても、反作用として「自分も人のことを考えられる人間になれた」という満足感が自身に返ってくる。そこを大事にしろと角栄は言いたいのだ。

恩返し、謝罪にもいろいろな形がある。

第一高等学校、東京帝大時代を通じて、常に民法の我妻栄とトップ争いをしたほど優秀な成績だった岸は、目をかけてくれた法学部の上杉慎吉教授から、大学に残って憲法講座を担当するように、何度も説得される。

しまいには「では君の親御さんのところに説得に行く」とまで言われたが、将来の総理大臣をめざす岸は「農商務省に行きます」と言って、きっぱりと断りつづけた。

「あのときの先生の落胆した顔には、申し訳なさで、その後もずっとさいなまれた」と述懐する。

秀才には秀才ならではの悩みはあるものらしい。後に、先生の命日に独り墓前で、お世話になった礼と、落胆させたことを詫びたという。


これとはやや質の異なる話だが、岸には小学生時代に、貧しい家庭の同級生をいじめた苦い思い出があった。「子供の頃の思い出はたいていは懐かしいものだが、あの出来事がすべてをぶち壊し、以後、四十年以上も苦しんだ」と告白する。

貧しさのために学校も休みがちなその同級生をつかまえ、「学校をさぼるとはけしからん」と言って帯を取り上げ、田んぼに捨ててしまった。次の日、さらにみすぼらしい帯をしてくると、これも取り上げて捨ててしまった。最後には、その子はワラで編んだ縄の帯をしてきたので、さすがにいじめはやめた。

その少年はまもなく父を亡くし、一家は離散。消息もないまま月日は流れた。以後、岸は東京に出てエリートコースを進み、満州国の牽引車になり、戦後は三年余りの獄中生活にある間も、政治家になっても、そのことで苦しんだという。

だが岸が総理大臣のとき、京都のある寺の住職が「岸総理とわたしは幼友達だった。岸さんには随分いじめられたもんだ」と門徒や仲間に語っているという話を聞きつけた。半世紀以上も過ぎてはいたが、まぎれもなく件の少年であった。

そこで岸は京都に行った折、その寺を訪ねて、昔の同級生に会い、お詫びかたがた、互いに昔を懐かしんだ。その後も、生涯にわたってこの僧とは交流が続いた。

岸はあまりにも頭脳が優れ、日の当たるエリートコースを歩んだために、誤解されやすい人間であった。だが生涯を通じて「心根の優しい岸」「面倒見のいい岸」は健在だったから、ずっと人はついてきた。

新潟県民のなかに「田中先生は、この世に二人といない人」という声があるが、実行力だけでなく、面倒見の良さが後押しした。

酒好きの角栄は、お気に入りのオールド・パーをあおってから、たいてい夜は九時に寝てしまう。それから夜中に起きて、数時間勉強してから再び床に入って、六時には起きてくる。

その時刻になると、早くも大型バスが邸内に着いて、大勢の人間が降りてくる。来るのはたいてい陳情者で、一日に三百人ぐらいはやって来る。

だがその内容は、道路だ、鉄道だ、空港だ、河川敷だのような公共事業とはかぎらず、意外と多いのが就職の橋渡しを頼みに来る人間である。

これなどは個人的問題だが、現在の国会議員も、この種の陳情を受ける件数がきわめて多いそうだ。

田中は即座に依頼者側と希望企業の接点を秘書に調べさせ、相手の最高責任者に取り次がせて、途中から電話に出る。

「ああ田中角栄です。お宅の会社には日ごろからお世話になってます。ほかでもないけどね、○○君がそちらへの入社を希望しているんですよ。本人にも会いましたがね、人物には間違いありませんから、一つよろしくお願いします」

とやる。

当時は経済成長を続けている時期だったから、特に中小企業などでは、すぐに「角さんのお墨付きの若者だから、採用しよう」となった。

こうして田中に世話になって採用された人間は三千五百人に上ったという。採用する側も「コネで入った社員の方が定着率がいいし、大物政治家の推薦とあれば、本人もよけいに励むんですよ」と言っている。

中小企業といえば、田中は中小企業経営者から政界に転じた男であるから、地方創生に奔走した政治家でもある。彼の主導による「新全国総合開発計画」を議員立法で成立させたように、国土開発、住宅、道路、新幹線の延長などによる都市と農村の融和が田中構想の中核になっている。

商工省の若手官僚の時代から、満州国、そして戦後期を通して、大企業をリードする目線に立った岸との政治姿勢の違いが垣間見える。

女にもてた三人

田中角栄が地方遊説などに出かけると、見慣れない着物姿の女性が、かいがいしく身の回りの世話をしている映像や写真が数多く残されている。

汗びっしょりになった角栄のネクタイを外し、シャツを着替えさせて、食事の世話もする。汗っかきであることは有名だが、写真をよく見ると、ネクタイまで濡れてしまっている。

女が汗をかいた姿はセクシーだが、女から見た男にも同じことがいえるらしい。

身近に仕えた側近のよると「あれはみんな応援のボランティアで、角さん命という女性ばかりです。なにしろオヤジは、全国どこに行ってももてましたからね」

という。みんな、あのエネルギッシュな男っぽさに参ってしまったのだ。

その先の話を詮索するのは野暮というものだが、「英雄色を好む」とはよく言ったものである。だが本人は、どちらかといえば熟女より、若い女性のほうを好んだといわれる。

歳は若いがオトナの女という意味らしい。

【世間がやかましくて、なかなか目こぼししてくれない】

そうボヤキながらも、角栄はまめに飲み歩くことがあった。

「桜内義雄、原田憲と三人で、桜内の行きつけのバーで飲んで騒いでいたら、若い子たちが握手してくれと寄ってくる。帳面を出して『サインしてください』『伝票の裏に何か書いてください』と言ってくる。

客のなかに総理官邸の番記者がいてね。さっそく翌日の新聞に、『へべれけになって六本木で飲んでいた』と書かれてしまったよ。

親友と酒を飲んで、盛り場を歩くくらい邪魔するな、といいたいが、そうはさせてくれない」

実際、大物政治家ともなると、つらいものがあるようだ。

ロッキード事件騒動のさなかにあっても、学生の間では人気があった。角栄はこう言って、うぬぼれる。

【大学生を対象にしたアンケート調査でね、わたしは『尊敬する人物のトップだそうだ。でも『好きな人のトップ』ではなかったらしい。マスコミにいじめられているからね。駒場の東大教養学部のアンケートでは、十対六ぐらいでわたしのことを認めているんだ。わたしは学生を買収したわけじゃないぞ。これが女の子であれば、絶対六十パーセント以上の支持があると、うぬぼれているんだよ】

これは人によっては意外に思われるかもしれないが、決してそうではなく、世間の人間よりは、素直な人間が多いためだろう。

女の話に戻ろう。もともと角栄が艶福家であることは知られていた。目白御殿の本妻のほかに、神楽坂の芸者との間に子供が二人、越山会の女王との間にも一人いたことは周知のとおり。

各地に行けば角栄の親衛隊も待ちかまえているが、この男のことであるから、女性たちを粗末には扱わないし、彼女たちも一生懸命に尽くした。角栄は世の酸いも甘いも、女心も知り尽くした男であるから、操縦法もうまかった。だから彼女たちも角栄を立て、裏切ることはなかった。

そうなると愛情の配分が気になるところだが、角栄のことであるから、そのときそのときの女を、真剣に可愛がったということのようである。

【かかわった女はとことん、最後まで面倒みろ】

そう公言してはばからない角栄は、何しろ情が深い。

しかも、フェロモンをたっぷり振りまく〝わが角さん〟には、四畳半的なチマチマしたエロスではなく、スケールの大きい世界の女性本能、母性本能をかき立てるオーラがあるということらしい。

その筋の女性ではなく、明らかにボランティアの女性たちを両腕に抱き寄せている写真もあるが、セクハラだと騒ぐような野暮な彼女らではない。

ただ角栄の場合、選挙を意識した〝女性学〟が目につくことがある。


【男は飲ませて（カネを）握らせば、すぐ転ぶから信用できない。そこへいくと、女はこれときめれば山の如しで変わらない。候補者のまわりに女が群がれば間違いなく勝つ】


自己体感からきたこのフレーズは、たしかに名言ではあるが、選挙と結びつける癖があるところが鼻につく。

選挙は別にして、角栄は自分と関係を持った女なら、信用できると考えていたようだ。

そのなかで、安心して金庫番を任せたのは佐藤昭だった。

それにしてもよく女に心底もてたといわれる角栄は、幸せ者である。

では角栄はどうしてもてたのかとなると、女の本質を見抜いていたからだ。

外観はどうひいき目に見ても泥臭い。岸が指摘するように、角栄は服装もセンスが悪く土建屋の大将の風貌だし、話しぶりも品は良くない。教養を感じさせるとも言い難い。だが角栄には、そんな諸々を吹き飛ばすような剛腕でならした政治力と男気という武器がある。

スペインに長く滞在した十九世紀のドイツ人哲学者ショーペンハウァーは、「この国の男の青春は壮年からはじまる。なかでも不細工で図々しい男ほどもてる。コンプレックスから生じる反作用のベクトルがなさしめる現象である」

と、うらやましげに言っている。

だが角栄は決して醜男ではないし、女に図々しく言い寄る男でもない。彼女らが勝手に寄ってくるのである。

一般に、女はバリバリ仕事ができる男にめっぽう弱い。

角栄は苦難の時代および政界でもみ抜かれ、鍛え抜かれて出来上がったオーラにあふれていた。彼の風貌には、美醜を超越した闘志の輝きがあるから、女のほうが陶酔してしまう。

一昔前のベッカム選手や玉三郎では出ない、フェロモンがあふれているのだ。

動物の世界では種の保存の原理がそうだが、人間世界でも古来、女が強い男のほうになびいたのは自然の摂理なのである。

【岸さんは酒と女がすごかった】

古来、権力者と女は切っても切れない関係にある。

岸の場合も、満州時代を知る人間たちは、「岸さんは酒と女がすごかった」と一様に言っていた。満州に渡る前の商工省時代も、築地や新橋通いが派手だったから、もともとお座敷がことのほか好きだった。

なにしろ商工大臣のエンマ帳の岸の欄には、「遊興を好む」と書かれていたほどだったのだから。

満州では企業経営者との会合のほかに、関東軍の参謀たちを酒と女で接待することが多かったから、自分も付き合っていたということかもしれない。

戦後の回想録のなかで「若いころ満州で、若い軍人たちとつき合うことが多かった。連中との遊びといえば酒と女だからね。それが空しくなることがあって、書に親しむようになったんだ」

と言っている。

岸は兄の市郎（元海軍中将）、弟の佐藤栄作と比較すると、気の毒なほど顔のつくりには恵まれなかった。

ギョロ目のところは似ているが、出っ歯で、耳が大きく、漫画に描きやすい顔をしていた。

それでもさりげない猥談は天下一品だったし、話術がうまいから、周りを飽きさせなかった。

料亭遊びであるから、岸はその筋の女性との関わりが深かったということらしいが、官吏であるから、接待費という名目の公金で遊んでいたはずである。

そのような場合、たいてい女のほうは遊んでやっているという関係に近い。

男同士の付き合いで飲む場合も「今日はオレがもつ」と言って格好をつけたところで、会計のレジで、領収書を受け取っている姿を見ると興ざめする。

その点、角栄はいつも身銭を切るから、男も女もグッときてしまう。「酒を飲むときは経費で落とすな」は角栄の美学であった。

さらに岸が角栄と違うところは、一部の側近以外には、行動で尻尾をつかまれるヘマはしなかったことである。これは甘粕正彦が伝授したといわれる。

「ヒバリは着地点からまっすぐに自分の巣に近づかず、いったん着地してから、三角形を描いて用心深く巣に近づくのです。発つときも、自分の巣からいきなり飛び立つのではなく、離れてから飛び立つのです」

と、岸は教えられている。

何しろ甘粕といえば、満州の夜を支配しているから、ボロを出さない。いったんボロを出せば、自分や仲間の命に関わるからである。

岸に、角栄のような、あっけらかんとしたおっちょこちょいぶりが見られなかったのは、法理論を身に付けた官吏の世界の人間だったせいだろう。

甘粕は満州では和風料亭で芸者をはべらせて遊ぶのが好きで、特に岸が同席しているときは朗らかなものだった。

甘粕は、決して酒癖はいいほうではなかった。並み居る芸者に向かって

「おい、オマエたちはそれぞれ顔も違うし芸も違うのに、賃金が同じとはけしからん。金返せ」

と毒づくこともあった。だが目が笑っているから、「まあ、口の悪いアーさん」で、彼女たちのほうも笑い流していた。

だが機嫌が悪くなると、突然、芸者に頭から酒をかけたりすることも珍しくなかった。それでも翌日になると、件の芸者に新しい着物の代金をポンと渡すから、「アーさんに着物を汚されることぐらい、へっちゃらよ」で丸く収まってしまう。

人は酒の飲み方、芸者遊びの作法で人間性が分かるという。カネが物を言う世界とはいえ、成金趣味の人間は軽蔑されるが、この三人の男たちは遊び慣れていて、いかにもスマートだった。

年季をかけて遊び慣れた者でなければ、会得しがたいこの世界の作法もよく心得ていた

のである。俗にいう、酸いも甘いも知り尽くした男である。

それはともかく、甘粕も岸も金離れはすこぶるいいほうだったから、その世界では人気があった。

「ただ、岸さんのほうが楽しい酒だった分、よくもてたが、女遊びも岸さんのほうが派手だった」は、二人をよく知る岸の側近たちの述懐である。

日本内地でも、格式を重んじる茶屋では「甘粕さんほど優しい、いい人はいなかった」という声が多かった。満州にいながら、軍用機で新京から立川まで、月に一度ぐらいやって来た。

甘粕が入れ込んだ女

そんなとき、高級軍人や実業家が出入りする京都・祇園の茶屋で、十七歳の芸妓に入れ込んだ。彼女は甘粕からの恋文を生涯にわたって大事にしていたというから、相思相愛の仲だったということだろう。三通のその手紙は、見事な流暢な達筆で、すべて巻き紙に毛筆で書かれていた。

日本に来るたびに彼女を同伴して箱根、熱海に投宿したこともあった。

「そらもうええ男ぶりのお方どしたえ」と、女将も当の芸妓も言っていたから、風貌だけでなく、気品のある作法も垢抜けしていたということだろう。

何しろ甘粕家は、上杉藩筆頭家老の家柄で、長男である正彦は、先祖が将軍吉宗から拝領した大小の刀二振りを受け継いでいた。そんな出自であるから、血は争えないというわけかもしれない。

満州へ帰るときには、彼女の顔が立つようにと、当の彼女だけでなく、お茶屋にもたっぷりとお金を無造作に置いていった。このあたりの気配りは角栄張りだが、

「もう満州へ帰るだけだから。帰れば向こうに金があるから、これは使い切っていいんだ。君が何に使ってもいいが、あまったら貯金しておきなさい。」と言ったという。

「うちのどこがよろしいんどすやろ」と彼女がつぶやくと、

「君は頭もいいし、色町の女という感じがしないところだな」

と、はにかんだように言ったそうだ。

角栄、岸、甘粕の三者は「品行方正ならずとも、下劣にあらず。俗にあれども、卑にあらず」といったところだろう。単に世慣れした男の範疇を超えた男の典型である。

時間にはうるさかった角栄

【時間の守れん人間は、何をやってもダメだ】


角栄は、自身がせっかちだったせいもあるが、時間にはうるさかった。土建屋の大将のときも、納期厳守が求められている世界であるから、計算されたように時間はきちんと守った。

まだ若い国会議員になりたての頃、角栄は駅でさる女性と待ち合わせた。しかし五分を過ぎたころ、相手がこちらに向かってくる姿が遠くに見えたが、くるりと背中を向けると、さっさと帰ってきてしまった。時間厳守を自身に厳命していたように、相手にも求めたのだ。

少年時代から晩年まで、暗いうちに起床する習慣を身に付けていたが、早メシ、早グソも心掛けていた。

「常在戦場」は昔から長岡に伝わる藩訓。早起きは当たり前で、早朝に大事な用事二つを済ませておくのは、元はといえば侍の習慣だったが、百姓とて同じである。

政治家・田中角栄になっても、起きてから寝るまでが戦場であるから、まさに常在戦場の世界にいた。したがって「時間を守れんやつは、何をやってもダメだ」ということになる。

時間厳守は、信義を重んじる人間関係の第一歩だと言いたいのだ。ちなみに角栄語録に、「平時で親友をつくるには約束を守り、些細なことでもキチンと処理をしてウソをつかないことだ。作り事の話をしても、人はすぐにみやぶる」

とある。

【いま何時だと思っているのですか！】


満州協和会総務部長、満映理事長時代の甘粕には、それまでの闇の世界の人間とは違い、しっかり表の顔があった。

必然的に毎日大勢の人と会うことになるが、約束の時間を一分でも遅れようものなら、相手に腕時計を突き出して、このセリフが飛び出した。

軍人時代は「五分前の精神」が行動開始の起点になっていたし、起床ラッパで起きて、消灯ラッパで床に就くまで「時間」「時間」の世界にいた。

おまけに千葉刑務所に収監されていたときも、起床から消灯まで、時間がきちんと決められていた。

自由社会に出てからも、彼はこの流儀を守った。

ムダな時間を一切省き、「ここはダメですから、こうなさい」とアドバイスしながら事務処理をテキパキとこなし、まるで流れ作業のように進める行動力にあふれた甘粕流は、周りの満州国政府の官吏たちに衝撃を与えた。

彼らの多くは、霞が関の中央官庁から送り込まれた選りすぐりの有能な官吏たちだったが、「甘粕さんを傍に見てから、人生観が変わりました」と、異口同音に言っていた。

リットン調査団一行が満州に来た折も、腕時計を見ながら彼らを先導する甘粕の姿が写真に残されている。

満映理事長に就任した甘粕がまず行ったのは、二階の理事長室からベランダに出て、自分の時計を見ながら社員の出勤風景を見ることだった。気がついた社員は「ここは軍隊じゃねーんだよな」と言いながら、小走りに坂を上ってきた。社員に向かって初日に訓示したのも「出勤時間の厳守」である。

ある日の朝の出勤風景を、甘粕は記者にこう語っている。

「今日も二階の窓から見ていると、出勤時間に遅れないために、ふうふう走ってくるのがいました。

わたしは朝の訓示でこう言ったことがあります。『出勤時間はただ遅れさえしなければいいというものではありません。出勤時間までにはちゃんと職場にきて、仕事の準備をしなければならない、という心のもち方が大切なのです』

形だけどうにかつくろって、心ができていなければ、どんなに外見は立派でもウソになります。防空演習でも、黙禱でもみな同じですね。要は心の問題です」

時間にルーズな人間は何をしてもモノにならないというのは、真実だろう。

満州の甘粕正彦は、赤字企業立て直しのエースといわれた。時間厳守が信頼につながる。それが経営の原点であると甘粕は言いたいのである。

人生を急ぎすぎた男

【どんなところに嫁に行っても、苦労はするものだ。大きい家では大きいように、小さい家では小さいように。どうせ苦労するのであれば、やりがいのある苦労をしなさい】

結婚式のスピーチで、花嫁に向かってこう語りかけた角栄。自身が歩んできたイバラの道で会得した教訓であるから、人生の大きな転機にさしかかった若い女性の胸にも響く。おざなりの「おめでとう。幸せな家庭を作ってください」などという紋切り型と違い、重みがまるで違うのだ。

だからこのフレーズは、花嫁にかぎらず、若者には金言となる。学生は学生なりに、OL、若いサラリーマンはサラリーマンなりに、悩みや迷いを抱えている。人生の選択には「迷ったら、より難しい道を選べ」とは昔からいわれてきた鉄則だが、それを〝やりがい〟という分かりやすい言葉に言い換えているところが、角栄らしい。

角栄が遺していった言葉の特徴は、まず分かりやすいことであり、それでいて、ずしんとくる。

そういえば、角栄はやりがいのない仕事などとは無縁の男だった。だが人生を急ぎすぎた。

同じ頂上をめざす登山でも、回り道をしたり、周りの風景を楽しみながらの登り方もある。ヒマラヤのような高所の場合では、いったんベースキャンプに戻って、天候の回復を待ったり、別のルートを探索する登り方もあるのだ。

角栄の脳裏には〝後退〟〝停止〟という思考はなかった。


【今までオレが人の悪口を言ったことがあるか!

人の悪口は、便所のなかで独りで言え】

自戒の念も込めてのことだろうが、角栄はいつも周囲を戒めていた。

選挙を前にした候補者たちの前でも「人の悪口は絶対言うな。言っても札(票)は集まらない」と言っている。

票云々というより、そもそも角栄は、周囲に「人はどんな境遇におかれて辛い思いをしても、天や地、人を恨むな」と言ってから、

「寝言を言ったり不満ばかり言っているヤツは、人生終わるまで不満を抱きつづける人間になるぞ」と戒めていた。

「君たちは、自分の置かれている立場を有りがえてぇことだと思わんとダメですよ」

は若者たちに向けたメッセージだった。

三人が経験した刑務所暮らし

【公判はお上が決めたことだ。行けるときは行こうじゃないか】

角栄も岸も甘粕も、三人そろって刑務所暮らしを経験している。田中は終戦直後、片山内閣の時代に炭鉱国家管理法案に関わる汚職容疑で起訴され、収監されていた。だが判決では、使われた金の大部分は政治献金と判断され、田中は無罪となった。

それでもバイタリティーの塊の田中には、いつも危うさがついて回った。そんな田中を、吉田茂は「刑務所の塀の上を歩いている男」と言った。塀の内側に落ちるか、運よく外側に落ちるか…。

だが田中は、いつも堂々としていた。ロッキード事件の第一回公判が始まってから百六十九回も重ねた六年九ヵ月後の昭和五十八年（一九八三）十月、一審判決の日は、あいにく体調が悪くて四十度の熱を出して寝ていた。

だが田中は、周囲の反対を押し切って、「公判はお上が決めたことだ。行けるときは行こうじゃないか」と出かけていった。

越後人の律義さと、負けず嫌いな性格そのものである。公判を一度も休んだことはなく、裁判所で待機していた報道陣に向かって、お得意の「イヨッ」というポーズも健在だった。

だが懲役四年の実刑判決を聞いたときは、ムッと唇をかんで、「許せん!」と呟いたという。それでも法廷を出るときは、報道陣に向かって堂々といつものポーズを見せた。政治の舞台を演じる役者のプライドとはいえ、政治家とはつらい稼業である。

【岸は日本が必要としている男だから、三年後には必ず還ってくる。総理大臣にもなる!】

これは岸自身の言葉ではない。終戦直後、GHQの命で特高課長が岸の郷里・山口県田布施の自宅に迎えにきたとき、白装束の岸と別れを惜しんでいる近所の人に向かって、一人の女性が叫んだ言葉である。同じ村に住む〝踊る宗教〟の教祖として知られた北村サヨである。

結果は予言どおりになったが、このおかげで、サヨは不思議な霊能者として全国に知られるようになった。

もっとも、死を覚悟していた岸は「ずいぶんいいかげんなことを言うばあさんだ」としか思っていなかったそうだ。田中角栄の場合と違って、相手は生殺与奪の権限を持ったマッカーサー主導の連合国なのだから無理もない。

獄中でも死の影につきまとわれたが、いつも郷里の先輩・吉田松陰の言葉を思い浮かべていたそうだ。三年三ヵ月後に無罪放免になったが、幕末の長州藩士に多大な影響を与えた、吉田松陰の念力が通じたのかもしれない。


同じ獄中生活でも、陸軍の犯した事件を覆い隠すために、無実の罪で三年の監獄生活を送った甘粕の場合は異質である。しかも殺人犯という、烙印は一生拭い去れないのであるから、察して余りある。

その獄中生活の中で、出たらなんのために生きるかに苦慮したことがうかがえる。獄中記に「人のため、恵まれない人のために働きたい」と書き綴っている。

岸は獄中で、東京裁判など茶番劇と切り捨て、戦後の復興の青写真を模索したが、田中の疑惑も「石炭産業という国家事業のためじゃないか」と、闘志をむき出しにしていたに違いない。三者三様の獄中生活だったが、その怨念をバネにして大きく成長したことは間違いない。


刑務所暮らしを経験した田中、岸、甘粕の三人だが、田中はこう言っていたことがある。

「臭い飯というのは刑務所暮らしの飯じゃない。牛や馬の糞尿の臭いが漂うなかで、オレたちのような百姓が食う飯のことだ」

見方によっては、刑務所の飯よりもひどいと言っているようにもとれる。だが当時は、米どころの東北地方でさえ、米を作っている農民が白い飯を食えず、田んぼにも入らない人間が、米の飯を食うという社会の矛盾を田中は指摘しているのだ。

冬の寒さが尋常でない東北の農家では、馬小屋や牛小屋で藁にくるまって寝る人も多く、人間と家畜が同居していた実態も背景にある。

田中はロッキード事件で逮捕・起訴され、小菅の東京拘置所に収監されたが、前にも触れたように、それ以前にも、終戦直後の昭和二十三年（一九四八）に炭鉱国管事件で拘置所暮らしをしていた。

外部から差し入れや出前を取ることは可能だが、それでも臭い飯の味は知っている。

ロッキード事件では、二億円の保釈金を払って間もなく釈放されたが、角栄と入れ違いに橋本登美三郎が逮捕される。

角栄の妻はながが、橋本夫人を介して拘置所の橋本登美三郎に花を贈っていたことを知った角栄は、「拘置所のことはオレはよく知っているが、あそこでは花なんか役立たない。食い物を送れ」と指示した。

刑務所を知る角栄ならではの心遣いだが、花より食い物とは実利主義に徹した彼らしい。

岸信介の獄中記には、毎日、三食のメニューが詳細に綴られている。

ある日のメニューには「朝は饅頭、チョコレート、豆の汁、リンゴ、コーヒー。昼食は外米飯、味噌汁、イワシの煮つけ、白菜サラダ、お茶。夕食は米飯、パン屑入り豚肉汁、缶詰の人参、無糖コーヒー」

となっているが、ほとんど毎日のメニューは変わっている。どれも当時の日本では手に入らないものばかり。米軍の管理下にあるから豊かな食事だったのである。ないのは酒類だけだった。

それでも冬の寒さは堪えたらしく、「足の親指のあかぎれが痛む」「米国の毛布一枚、日本製毛布一枚に掛布団二枚となったから、なんとか極寒季は乗り越えられそうな体制が整った」という記述もある。

岸が一番悩んだのは、田中や甘粕と違い、死刑の可能性があったことだが、「首を絞められる」「死刑が執行されれば」という記述もあるくらいだから、これはつらかったらしい。


甘粕の場合、最も悩ませたのは、食事の貧しさだった。「真黒な南京米の麦飯に、昼は肥料（用）のニシンで、夜はその汁を一口ようやく口に入れて、あとは胡麻塩で食い、話しする相手もなく、生きている俺のことを想ってくれる者が、この広い世の中にいるのだろうかと思ったら、寂しくなる」と獄中記に書き綴っている。

当時、北海道沿岸ではニシンの大群が浜に打ち寄せられ、新鮮なものだけが食卓に上り、残りの大半は砂ぐるみ肥料用のかますに入れられて、処分された。それが獄中（千葉刑務所）では食卓に回され、美食家の甘粕の口に合うはずはないのだが、ニシンの季節になると、定番のこのメニューは数ヵ月も続いた。

日記に再三登場する南京米とは、タイなどの南方から輸入した米のことで、ボロボロしていて臭いが強いうえに、さらに麦がたっぷり入る。〝臭い飯〟の典型である。

おまけに、南京米には小石や籾（もみ）のほかに、ひどいときにはガラスの破片まで混じっていた。ある日、甘粕が数えたら、一杯の茶椀の中に籾だけで十八も入っていたことがあった。

しかもストレスからくる胃痛に悩まされ、毎回のように食後に襲ってきた。ひどいときには、独房のドアの前に倒れ込んだまま、数時間も動けないときがあり、こんなときはしばらく絶食するほかなかった。

さらに冬の寒さ、夏の暑さが加わっただけでなく、無実を信じて疑わない母親が夢枕に立って、悩みは深かった。

それでも獄舎の中は、自分を見つめる機会になり、若い甘粕や岸を、一回りも二回りも大きく成長させた。だが田中の場合は、総理大臣まで上り詰めた後のロッキード事件での頓挫であるから、これほどの屈辱感はなかった。

その後のキングメーカー、闇将軍の姿は、怒りの持っていき場に苦慮した結果の選択だろう。

本音で言う政治家

【どんな発言をすればマスコミに気に入られるか、大きく書かれるかと考える人間がいる。こういうのが一番悪い。政治家としても大成しない！】

田中はたたき上げの政治家だけに、その発言にはうなるものがあるが、これも角栄語録の一つ。

言うまでもなく、新聞は国民が政治の動きを理解する貴重な情報源であり判断材料であるが、民意の操作まで行ってしまうことが少なくない。田中は「新聞が真実を伝えているのは、天気予報とテレビ・ラジオ番組、それからスポーツの勝ち負けだけだ」と言っているが、それにしては、マスコミとうまく付き合っていた。やり方次第で宣伝に使える媒体として、割り切っていたのだろう。

だが、風向きが変われば、彼らは豹変する厄介な存在だ。だが田中は逃げたりはしない。公判を一度も休まなかっただけでなく、東京拘置所を出るときや、東京地裁に入るとき、待ち構えていた写真班に、「イヨッ！」と軽く挨拶したり、写真が撮りやすいポーズを取ったりしてサービスしている。


岸信介も弟の佐藤栄作と違って、記者を毛嫌いしたりすることはなかった。「親父は新聞記者が好きで、いつも気を許してよけいなことをしゃべってはまわりのものを大いにあわてさせた。これは親父のお人好しの証拠で、世間ではソツがないとか言っているが、ボクにいわせれば、ソツがありすぎて、いつもハラハラしている」

と長男の信和は言っていた。

総理時代も、休日に箱根の静養先でゴルフから上がると、待ち構えていた記者連中に「食事がまだなら、一緒にやろう」と誘っていた。このときも、安保条約の承認問題で、修正権があるのかどうかについて、うかつなことを言ってしまい、翌日の新聞でたたかれた。「おかげで親父は、国会で釈明するという大ソツの一幕となった」と信和は言う。

角栄も岸も、油断のならない記者に対してさえ、きれい事を言わなかった。池田勇人もそうだったが、本音でいう首相は叩かれる。宮沢喜一のように、すきを作らずに「ノーコメントとは、コメントがないということです」などと、クールに煙に巻いてしまう総理大臣は、歴史に残した影も薄く、存在感などまるでなかった。

【身は、たとえ大根おろしのようにすり潰されても】

角栄は父親が種牛の移入で失敗したおかげで、幼少の頃から極貧生活を余儀なくされ、大成した後も、もがき苦しむ生涯を送った。たとえ大根おろしのように…は角栄自身の言葉だが、どんなに苦境に立たされても、その中から肯定的な価値を見いだし、自己の糧にしてきた。転んでもただでは起きない生きざまは、まさに天与の才。

昭和十三年（一九三八）、兵隊検査で甲種合格となった角栄は、送られた北満で重い肺炎を患い、生死の境をさまよった。幸い内地に送還されて病は癒えたが、この世に入れ替わるように、妹の訃報に接して悲嘆に暮れた。

だが、ここで角栄は「よし、身代わりになってくれた妹のために、人の何倍も生きたあかしをこの世に残そう」と決意する。

時流れて、ついに天下を取った今太閤だったが、そのドラマは苦闘の連続であった。国民、周りの人間に熱く語りかけたその一語一句は、彼が歩んだ苦難の道のりの中で身に付けた、人生訓そのものでもあった。だから人は彼の言動に感動し、共感した。

岸信介は大森収容所から巣鴨の刑務所に移送され、死の恐怖と闘った。そんなときは、波乱の時代を駆け抜けていった高杉晋作、野山獄にあった松陰の辞世の句を思い浮かべ、「郷土の諸先輩に申しわけない」と獄中記に記していた。

岸には天与の才が備わっていただけではなく、幕末維新の志士たちが残していった郷土の精神風土が大きく後押しした。

一方の甘粕正彦は、天皇の軍隊の名誉を守るため、一生消えることのない殺人の汚名を着て、縛につついた。

自由の身になると、北の空に一番星を見つけて満州に渡り、満州国、満州人、そして日本のために死闘を繰り返す生涯を送ったが、満州の終焉を見届けると、従容として青酸カリを仰いだ。

彼らは強烈な印象をこの世に残していったが、同時に虚しさも遺していった。

人は前世で何があったとしても、天は万人に平等である。あの三人は冥界で会ってこんな話をしていることだろう。

「田中角栄君！　岸信介だよ。いやあ久しぶりじゃないか。弟の栄作は律義で気難しい男だったから、君も苦労したろう。大蔵大臣、幹事長で栄作を支えてくれてありがとう。

いま甘粕さんも来ているから、ちょうどいい、紹介しておこう。

こちらが角栄君ですよ」

「わたしが甘粕です。田中さんの名声は、泉下にも届いていましたよ。いやあ大したもんです。しかしロッキード事件では大変な思いもしましたね。あれはアメリカの罠ですね」

「わしが田中角栄です。なに、あんな五億円なんて鼻クソみたいなもんですから、もらったかどうか、いちいち覚えていませんよ。ワハハハ！」


【智の岸信介、情の田中角栄、ロマンの甘粕正彦】

智の岸と情の角栄には異存ないとして、「ロマンの甘粕」はピンとこない向きもあるかもしれない。

だが満州のルネッサンスをめざす甘粕は、満映での映画製作だけでなく、ロマノフ王朝の華やかさを持った白系ロシア人音楽家も入れた「新京交響楽団」を設立し、クラシックに造詣が深いだけでなく、樋口一葉の研究にも打ち込んでいた。

あまり知られていないことだが、岸や角栄など足元にも及ばない文化人であり、ロマンチストだったことは、「満洲新聞」、雑誌「女性満洲」に寄稿した論評でも、その片鱗をうかがい知ることができる。

甘粕は一葉の生活との苦闘に同情し、女性の社会進出、おおらかな恋愛観を綴っているだけでなく、彼女の歌や小説に、鋭い視線で批評を寄せている。

結局、角栄は民のあり方、岸は国家のあり方に、そして甘粕は、美しい人間のあり方にこだわったのだ。

もしもこの世に天の声というものがあり、お告げどおりに勝手な空想が許されるなら、内閣総理大臣・岸信介、幹事長・兼選挙対策委員長・田中角栄、そして文部科学大臣兼国土交通大臣は甘粕正彦がいい。

それぞれ臭味のある人間ではあるが、そんな日本の姿を想像したくなるような、不世出の男たちである。

エピローグ

本書に登場した三人の注目点は、いずれも普通では体験できない〝臭い飯〟を食った経験があることだ。これは、奈落の底を見てきた彼らだからこそ、他人の気持ちになれることに通じる。

他人の気持ちになれるから、人が動いてくれるわけで、これはわれわれに生きる希望や勇気を与えてくれることになる。

私は、田中角栄の若き議員時代からの言動に注目してきたが、情で人を動かすあのバイタリティーと、列島改造論のような、アッと言わせる着目点には脱帽だった。

講演や、社会人向け講座で私は今も岸信介と甘粕正彦、田中角栄を語ることがあるが、彼らはいつも私の心の中に生きている。

拙い私事を引き合いに出すのは気が引けるが、職場で管理職を体験した折、一筋縄ではいかない同僚たちと向かい合ったとき、岸や甘粕、角栄だったらどう対処するだろう？と自問自答をしことが幾度かある。そのとき、岸のようにもっと聞き上手で、相手の話の裏が見通せて、甘粕や角栄のように、矢継ぎ早に指示を出して実行していたらよかったと、反省しきりだった。

以後は多少とも、相手は何を求めているのか、私は何をすべきだろう、を真剣に考えることにつながり、これはためになった。

本書を書き終えてあらためて気がついたのは、現代を生きる私たちは仕事に、人生に、どれだけ生きがいや希望を持てているのだろうか、ということである。

しかも、百歳人生の時代に突入した現実が目の前にあるから、われわれ自身の問題でもある。

そこで、仕事や人生に疑問を感じたときは、一歩立ち止まって、「あのアウトローの三人だったら、どうするだろうか」と考えてみることをお勧めしたい。人生観が必ず変わるはずである。

【参考文献】

赤松貞雄　『東条秘書官機密日誌』　文藝春秋　一九八五
秋定鶴造　『東条英機』　経済往来社　一九六八
甘粕正彦　『獄中に於ける　予の感想』　甘粕氏著作刊行会　一九二七
伊藤武雄ほか　『われらの生涯のなかの中国』　みすず書房　一九八三
伊東六十次郎　『満州問題の歴史』　原書房　一九八三
江口圭一　『資料　日中戦争期阿片政策』　岩波書店　一九八五
江口圭一　『日中アヘン戦争』　岩波書店　一九八八
NHKテレビ　『昭和偉人伝　田中角栄生誕100年』　二〇一八
大川周明　『大川周明日記』　岩崎学術出版社　一九八六
『大杉栄全集』　筑摩書房　一九七四
「大杉栄追想」「改造」十一月号　一九二三
太田尚樹『満州裏史』　講談社　二〇〇五
太田尚樹『満州と岸信介』KADOKAWA 二〇一五
岡義武　『近衛文麿』　岩波新書　一九七二
角田房子　『甘粕大尉』　中央公論社　一九七五
片倉 哀・古海忠之　『挫折した理想国 ― 満州国興亡の真相』　現代ブック社　一九六七
『環　満州とは何だったか』　藤原書店　二〇〇二
草柳大蔵　『満鉄調査部　上・下』朝日新聞社　一九八一
倉橋正直　『日本の阿片戦争』　共栄書房　一九九六
軍事史学会編　『機密戦争日誌』上・下巻　錦正社　一九九八
現代史資料　『日中戦争』　みすず書房　一九六六
現代史資料　『続・満州事変』　みすず書房　一九六五
胡 昶・古 泉　『満映　国策映画の諸相』　パンドラ　一九九九
佐藤市郎　「弟・信介、栄作を語る」　文芸春秋　一九五五（一月号）

『支那事変に於ける支那軍の謀略』 東洋文化社 一九七七
ジョン・ルース 『スガモ尋問調書』 読売新聞社 一九九五
『政府・戒厳令関係史料 関東大震災』 日本経済評論社
一九九七
瀬島龍三 『幾山河』 産経新聞社 一九九五
全国憲友連合会編 『日本憲兵正史』全国憲友連合会
一九七六
全国憲友連合会編 『日本憲兵外史』全国憲友連合会
一九八三
千田夏光 『皇軍〝阿片〟謀略』 汐文社 一九八〇
高碕達之助 『満州の終焉』 実業之日本社 一九五三
宝島社 『田中角栄100の言葉』二〇一五
田尻育三 『昭和の妖怪 岸信介』 学陽書房 一九七九
田中角栄記念館編纂 『田中角栄 圧巻の演説』二〇一六
田中隆一 「大杉栄・野枝・宗一死因鑑定書」 一九二三
塚瀬 進 『満州国』 吉川弘文館 一九九八
DIA collection『田中角栄の金言』二〇一五
『東京裁判資料 田中隆吉調書』 大月書店 一九九四
東京12チャンネル編 『証言 私の昭和史』一～六巻
学芸書林 一九六九
東条英機刊行会 『東条英機』 芙蓉書房 一九七四
中島健蔵 『昭和時代』 岩波新書 一九六三
西原征夫 『全記録 ハルビン特務機関』 毎日新聞社
一九八〇
ハインリッヒ・シュネー 『満州国見聞記――リットン調査団同行記－』 新人物往来社 一九八八
長谷川元吉 『父・長谷川四郎の謎』 草思社 二〇〇二
服部卓四郎 『大東亜戦争全史』 原書房 一九六六
早坂茂三『オヤジの知恵』集英社文庫 二〇〇二
早坂茂三『田中角栄回想録』集英社文庫 二〇一六
原 彬久 『岸 信介』 岩波新書
古海忠之 『忘れ得ぬ満州』 経済往来社 一九七八
『文藝春秋に見る昭和史』 文藝春秋編 一九九五
防衛庁防衛研修所編 『大本営陸軍部』 朝雲新聞社 一九七〇

朴 橿 『日本の中国侵略とアヘン』 第一書房 一九九四
星野直樹 『見果てぬ夢――満州外史』 ダイヤモンド社 一九六三
星野直樹 「岸信介来り又去る」（『特集文芸春秋・人物読本』） 一九五七
細川護貞 『細川日記』 中央公論社 一九七八
満州国史 総論 満州国史編纂刊行会 一九七〇
満州国史 各論 満州国史編纂刊行会 一九七一
武藤富雄 『私と満州国』 文芸春秋 一九八八
『目撃者が語る昭和史 全八巻』 新人物往来社 一九八九
森繁久彌 『青春の地はるか』NHK出版 一九九六
森島守人 『陰謀・暗殺・軍刀』 岩波書店 一九八四
山口 猛 『満映 甘粕正彦と活動屋群像』 平凡社 一九八九
山口淑子 『李香蘭 私の半生』 新潮社 一九八七
山田栄三 『正伝 佐藤栄作』 新潮社 一九八八
山根倬三 『問題の人 甘粕正彦』 大空社 一九二四
吉本重義 『岸 信介傳』 東洋書館 一九五七
ロバート・ビュートー 『東条英機』 時事通信社 一九六一
『私の履歴書 岸信介』 日本経済新聞社 一九六六

太田尚樹（おおた なおき）

1941年東京生まれ。作家、東海大学名誉教授。主な著書に『ヨーロッパに消えたサムライたち』（ちくま文庫）、『陸軍大将　山下奉文の決断』『満州裏史―甘粕正彦と岸信介が背負ったもの』『赤い諜報員―、ゾルゲ、スメドレー、尾崎秀実』、『愛新覚羅王女の悲劇　－川島芳子の謎』、『天皇と特攻隊』（以上、講談社）、『東条英機　－満州の夢、阿片の夢』『満州と岸信介』（以上、KADOKAWA）、『東京裁判の大罪』（ベスト新書）ほか多数ある。

ベスト新書
586

乱世《らんせ》を生《い》き抜《ぬ》いた知恵《ちえ》

二〇一八年八月二十日　初版第一刷発行

著者◎太田尚樹《おおたなおき》

発行者◎塚原浩和
発行所◎KKベストセラーズ
　東京都豊島区南大塚二丁目二九番七号　〒170-8457
　電話　03-5976-9121（代表）
　http://www.kk-bestsellers.com/

装幀◎坂川事務所
DTP◎三協美術
校正◎東京出版サービスセンター
印刷所◎錦明印刷
製本所◎ナショナル製本

ISBN978-4-584-12586-1 C0236